KB206442

석탑

글/정영호 ● 사진/정영호, 손재식, 안장헌

대원사

정영호

문학박사. 서울대학교 사범대학 역사
과와 단국대학교 대학원을 졸업했
다. 문화공보부 문화재관리국 전문위
원, 한국 미술사학회 대표위원 등을
역임하였다. 국립교원대학교 교수로
있으며, 동대학 박물관장, 인문사회대
학장을 겸하고 있다. 주요 저서로
「신라 석탑 부도 연구」「한국의 석
탑」 등이 있다.

손재식

신구전문대학교 사진학과를 졸업했
고, 대림산업 홍보과와 대원사 사진부
에서 근무하였으며, 지금은 프리랜서
로 일하고 있다. 85년 유럽 알프스
촬영 등반, 87년 네팔 히말라야 에베
레스트 촬영 등반 보고전을 가진 바
있으며, 사진집으로 「한국 호랑이
민예 도록」이 있다.

안장헌

고려대학교 농업경제학과를 졸업했으
며, 신구전문대 강사, 사진 예술가협
회 부회장으로 있다. 사진집으로 「석
불」「국립공원」「석굴암」 등이 있
다.

석탑

사진으로 보는 석탑

보림사(寶林寺) 3층석탑 신라의 석탑은 8세기 이후가 되면서 부분적인 변화가 생기고
　전체적으로 규모도 작아지는 경향을 볼 수 있다. 전라남도 장흥군 유치면 봉덕리의
　보림사, 국보 제44호(왼쪽)
부석사(浮石寺) 3층석탑 상층 기단 면석의 탱주가 2주(柱)에서 1주로 줄어들고 옥개석
　이 평박(平薄)해졌다. 경상북도 영풍군 부석면 북지리 149 부석사 경내, 보물 제249호
　(오른쪽)

단속사지(斷俗寺址) 3층석탑 신라 하대의 변형을 보이는 탑으로, 하층 기단에 2주, 상층 기단에 1주의 탱주가 나타나고 있다. 옥개석 받침의 층 수도 5층이며 현재 높이 530센티미터의 장중한 크기로, 후대의 변형보다는 앞선 통일신라시대 석탑의 정연함을 보인다. 경상남도 산청군 단성면 운리 333, 보물 제72호

청량사(淸涼寺) 3층석탑 높이 485센티미터의 큰 탑이다. 하층 기단은 지대석과 중석을
같은 돌로 하여 각 면 1석으로 구성하고 중석에는 4우주(隅柱)와 탱주 2주가 있다.
상층 기단 중석은 각 면이 1석으로 탱주가 하나이다. 경상남도 합천군 가야면 황산리
973, 보물 제266호

실상사(實相寺) 동 3층석탑   신라 말기로 들어서면 석탑 자체의 규모가 작아질 뿐 아니
라 각부 양식에서 큰 변화를 일으킨다. 곧 기단부에 있어서 석재가 줄어들고 면석의
탱주도 간략화되며 탑신부에서 옥개석 받침의 층 수가 줄고 있다. 왼쪽은 실상사
동, 서 3층석탑 중 동 3층석탑으로 이러한 변화를 보이는 예이고 오른쪽은 이 석탑의
상륜부이다. 보물 제37호

실상사 서 3층석탑　탑신 괴임의 모각 수법이나 탑신 괴임 및 낙수면 전각의 치석 형식
에서 통일신라 성기(盛期)의 전형으로부터 변형되어 간략화 혹은 부분적으로 생략되
었음을 볼 수 있다. 특히 하층 기단 면석의 탱주가 1주로 변한 것은 특징적이다. 왼쪽
은 석탑의 전체 모습이고 오른쪽은 상륜부이다. 전라북도 남원군 산내면 입석리 50

경주 효현리(孝峴里) **3층석탑** 하층 기단의 탱주도 2주에서 1주로 줄어들고 옥개석
받침도 5단에서 4단으로 간략화된 형식의 석탑이다. 경상북도 경주시 효현동 420,
보물 제67호(왼쪽)

경주 남산 용장사곡 3층석탑 자연 암반의 윗면을 평평하게 다듬고 높직한 괴임대를
마련하여 기단을 받았는데, 단층으로서 2층 기단부의 상층을 놓은 것 같은 형식으로
양 우주와 1탱주가 모각되어 있다. 옥개석 받침은 각 층 4단씩으로 역시 1단이 줄어
들고 있다. 경상북도 월성군 내남면 용장리 산1, 보물 제186호(오른쪽)

경주 천군동 동,서 3층석탑 신라 석탑 전형 양식의 정형적인 형태이다. 경상북도 경주
시 천군동, 보물 제168호(왼쪽)
월성 장항리 5층석탑 탑신부에 인왕상과 문비 등의 조각으로 장식적인 의장을 보이고
있으나, 석탑 자체의 구성이나 양식 수법은 전형 양식을 따르고 있다. 그리고 상하층
기단의 탱주가 2주씩이고 옥개석 받침도 5단씩인 특징을 보인다. 경상북도 월성군
양북면 장항리 1018(오른쪽)

원원사지(遠願寺址) 서 3층석탑 상층 기단에 십이지신상이 조각되어 있으나 전체적인
양식은 전형 양식의 정형기 작풍을 보인다. 경상북도 월성군 외동읍 모화리 2(왼쪽)
해남 대흥사(大興寺) 응진전 앞 3층석탑 전형적인 양식에서 상층 기단의 탱주만이
2주에서 1주로 변하고 있는 석탑의 예이다. 전라남도 해남군 삼산면 구림리 799,
보물 제320호(오른쪽)

동화사 비로암 3층석탑   9세기 후반에 들어 규모가 위축되고 탱주도 상하층 기단이
똑같이 1주씩으로 간략화되었으며 옥개석 받침도 4단으로 줄어든 형식이다. 대구
직할시 동구 도학동 산124, 보물 제247호

동화사 금당암 동 3층석탑 상하층 기단 면석의 탱주가 1주씩인 석탑이다. 높이 562
센티미터로 상륜부의 노반, 복발, 앙화, 보륜, 보주 등이 비교적 잘 남아 있다. 보물
제248호

봉암사(鳳巖寺) 3층석탑   기단부의 구조가 2층 기단이라는 기본형을 벗어나 단층 기단
으로 변화한 석탑이다. 높이 630센티미터로 신라 석탑으로서는 드물게 탑두부(塔頭
部)가 남아 있다. 경상북도 문경군 가은읍 원북리 485, 보물 제169호

구례 화엄사 동 5층석탑 단층 기단이며 탑신부의 옥개석 받침이 4단씩이다. 높이 640센티미터로 아무런 장식이 없으며 통일신라시대에서는 예가 드문 5층석탑이다. 전라남도 구례군 마산면 황전리 12, 보물 제132호

정혜사지(浄惠寺址) 13층석탑 이형적인 석탑으로서 석탑의 건조 방법이나 각 부재의 결구 양식이 전형적 양식에서 완전히 벗어나 외관상으로 특이한 형태를 보이는 석탑 이다. 초층 옥신에 굵은 4우주를 세우고 각 면에 감실형의 작은 공간을 남긴 점이나 2층 이상은 급격히 작아진 점 등이 매우 특징적이다. 경상북도 월성군 안강읍 옥산리 1654, 국보 제40호

구례 화엄사 원통전 앞 사자탑 높이 640센티미터로 기단 위에 사자 4마리를 배치한 이형 석탑의 예이다. 장방형의 탑신 각 면에 선각의 조형을 나타내고 있으나 형태는 식별하기 어려운 지경이다. 전라남도 구례군 마산면 황전리 화엄사 경내, 보물 제 300호

실상사 백장암 3층석탑　기단은 지대석 위에 하대, 중석, 갑석을 겸하여 한 돌에 표현하였다. 1층 옥신에는 문비와 보살상을 조각한 것을 비롯해 각 층의 면석마다 주악상 등을 조각하였다. 9세기의 탑으로 전면에 조각이 있어 주목된다. 전라북도 남원군 산내면 대정리 실상사 백장암 경내, 국보 제10호

진전사지(陳田寺址) 3층석탑 신라시대의 일반형 석탑 양식을 따른 2층 기단의 3층석탑
으로 상륜부의 결실이 있을 뿐 보존 상태가 양호하다. 1층 기단부터 비천, 팔부중,
불상 등을 조각한 장식적인 석탑이다. 강원도 양양군 강현면 둔전리 100, 국보 제
122호(왼쪽, 오른쪽)

영천 신월동 3층석탑 상층 기단에 팔부신중이 조각되었다. 경상북도 영천군 금호읍
　신월동 205의 1, 보물 제465호(아래 왼쪽)
산청 범학리 3층석탑 하층 기단 면석에 탱주가 2주, 상층 기단에 팔부신중, 초층 탑신
　에 보살상이 조각되었다. 경복궁내, 국보 제105호(아래 오른쪽)
중흥산성 3층석탑 상층 기단과 초층 탑신에 신중과 여래상을 조각하였다. 전라남도
　광양군 옥룡면 운평리 산23, 보물 제112호(오른쪽)

도피안사 3층석탑 탑신부는 방형 평면이나 기단부에서는 8각형의 평면을 이루어 하층 기단 면석에 안상이 장식되고 상층 기단 갑석에 앙·복련을 조식하여 마치 불상의 대좌와 같은 형태를 이루고 있어 주목을 끈다. 강원도 철원군 동송면 관우리 450, 보물 제223호(왼쪽)

경주 석굴암 3층석탑 탑신부는 방형 중층으로 전형적인 일반형 석탑의 탑신을 이루고 있으나 기단부에서는 전혀 특이한 양식을 보여 준다. 상하 2층의 기단이나 평면은 8각형으로서 각 모서리에 우주가 각출되었고 갑석은 원형을 이루고 있는데, 이러한 형식은 석굴암 본존 여래상의 대좌를 모방한 것이 아닌가도 생각된다.(오른쪽 위, 아래)

선산 죽장동 5층석탑 모전석(模塼石)으로 건조한 것은 아니나 외형이 모전석탑의 형태
와 비슷하게 보이는 탑이다. 경상북도 선산군 선산읍 죽장동, 국보 제130호(왼쪽)
해인사 원당암 다층석탑 신라시대에 건조된 가장 오래 된 청석탑이다. 이 석재는 그
자체가 크지 못하므로 모두 작은 규모의 탑파뿐인데 돌의 질이 약하여서 각 부재가
파손되어 완전한 형태로 남아 있는 것은 거의 없다. 이 탑의 기단부는 모두 화강암으
로 형성되었고 탑신부 이상만이 점판암인데 석재의 부족함 때문이 아닌가 생각된
다. 경상남도 합천군 가야면 치인리10, 보물 제518호(오른쪽)

34

개심사지 5층석탑 고려시대 석탑은 신라의 옛 땅인 경상도 지방을 중심으로 어느
정도 신라 석탑을 충실하게 계승하면서 세부에서 변형을 보인다. 이 탑은 연화문이
조식된 판석 1매를 끼워 탑신 괴임대로 삼고 있다. 경상북도 예천군 예천읍 남본동,
보물 제53호(왼쪽)

정도사지 5층석탑 칠곡군 약목면 복성동사지(福星洞寺址)에서 1924년에 서울 경복궁
으로 옮겨 세운 이 탑은 하층 기단 면석 각 면에 3구씩의 안상이 있고 그 내면에
지선(地線)으로부터 귀꽃문이 조식되어 있다.(오른쪽)

남계원 7층석탑   개성을 중심한 지역에서 일반형 방형 중층 석탑이 고려 석탑으로서의
특징을 지니면서 유행하였다. 이 탑은 1915년에 경복궁에 옮겨진 것으로 일반형
석탑을 따르고 있지만 옥개석 받침이 3단인 점이나 옥개석이 육중한 점 등 고려시대
석탑의 특징을 보인다. 국보 제100호

안성 죽산리 5층석탑 신라 석탑의 양식을 계승하고 있으나 옥개석이 얇으며 5단의 옥개석 받침이 있다. 이 탑은 초층 옥신이 넓고 그 이상은 급격히 체감되어 둔중한 감을 준다. 경기도 안성군 이죽면 죽산리, 보물 제435호

광주 춘궁리 5층석탑　신라 전형의 석탑 양식을 계승한 것으로 단층 기단인 점이 특징
적이다. 높이 750센티미터의 이 탑은 전체에서 균제된 조화를 잃지 않고 있으나 2
층 기단의 석재가 무질서하게 구조되었다. 경기도 광주군 서부면 춘궁리 465, 보물
제12호

광주 춘궁리 3층석탑 높이 360센티미터로 왼쪽의 5층석탑과 나란히 있는 신라 전형
양식을 따른 석탑이다. 기단은 2층인데 하층 기단의 중석에 각 면 3개씩의 안상(眼
象)이 새겨져 있다. 보물 제13호

영암 성풍사지(聖風寺址) **5층석탑**　최근에 알려진 전라남도 영암군 읍내의 이 탑은 건립된 시기가 고려 제7대 왕인 목종 12년(1009)으로 확실한 연대를 지니고 있어 다른 탑의 연대 추정에 큰 역할을 한다.

부여 장하리 3층석탑 충청남도 부여군 장암면 장하리에 있는 이 탑은 고려시대에
탑을 세울 때도 지역에 따라 전대(前代)인 백제 탑계의 양식을 따라 만들어졌던 예를
보인다. 보물 제184호

공주 계룡산 남매탑(男妹塔) 충청남도 공주에 있는 이 탑은 공주가 옛 백제의 도읍지였던 지역성 때문으로 백제계 양식을 보이고 있다.

익산 왕궁리 5층석탑 옥개석이 판석형이고 받침석이 별개의 돌로 만들어져 목조 가구
의 일면을 보인다. 이러한 백제 옛 땅에서만 볼 수 있는 백제 석탑계의 고려 석탑의
건립 현상은 고려시대 불교가 중앙 집중에서 벗어나 지방에까지 파급되고 한층 토착
화된 현상이다.

정읍 은선리 3층석탑 옥개석이 판석의 형태로 백제계 석탑 양식을 보인다. 전라북도 정읍군 영원면 은선리43, 보물 제167호(왼쪽)

사자빈신사지(獅子頻迅寺址) **석탑** 신라시대 4사자 석탑의 양식을 계승한 고려시대 4사자 석탑이다. 그러나 신라적인 이형 석탑이 극히 한정되고 개별적인 예에 그치는 것에 비해 고려시대에 나타난 양식은 새로운 유형을 이루는 데까지 진전되고 있음을 볼 수 있다. 충청북도 제원군 한수면 송계리, 보물 제94호(오른쪽)

홍천 괘석리 4사자 3층석탑 사자 4마리를 사방에 배치한 4사자 석탑 형식을 따르고 있다. 강원도 홍천군 홍천읍 희망리, 보물 제540호(왼쪽 위)

금산사 6각 다층석탑 방형의 범주에서 벗어나 6각형이고 다층으로 변하는 특이한 예이며 고려시대 청석탑의 대표적인 탑이다. 전라북도 김제군 금산면 금산리 39, 보물 제27호(왼쪽 아래)

월정사 8각 9층석탑 일반형 석탑과 같이 기단부 위에 탑신과 상륜부를 구성한 형식이지만 평면은 전체가 8각형을 이루고 있어 특이한 양식을 보인다. 강원도 평창군 진부면 동산리 63, 국보 제48호 (오른쪽)

평안남도 대동군 율리사지 8각 5층석탑　고려시대에 종래의 방형 평면이 8각으로 변하여 신라시대 석탑 평면의 범주를 벗어난 석탑이다. 현재 일본 오쿠라(大倉)미술관에 옮겨져 있다.(위 왼쪽)

화순 다탑동 원구형 석탑　고려시대에는 방형이나 6각, 8각 평면이 아닌 원형의 평면을 보이는 석탑이 등장하였다. 전라남도 화순군 도암면 다탑동의 석탑은 그 좋은 예이다.(위 오른쪽)

화순 다탑동 원형 다층석탑　왼쪽의 석탑과 함께 전대의 방형과는 전혀 다른 원형의 평면을 이루고 있어 고려시대에 나타난 새로운 특수 형식의 하나로 주목된다. 또한 풍수지리설에 의해 한 곳에 집중적으로 탑이 건립되는 조탑 신앙의 유행도 살필 수 있다.(오른쪽)

동화사 염불암 다층석탑　고려시대에 재료의 특수성을 지니는 청석탑(靑石塔)의 유형
이 유행하고 있었음을 알 수 있는 예이다. 청석탑은 석재 자체가 크지 못하므로 탑
자체가 작은 규모이며 석재의 부족 때문인 듯 기단부는 화강암으로 처리한 것도 특징
적인 면모이다. 대구직할시 팔공산 동화사 염불암 경내

춘천 7층석탑 고려시대 석탑의 또 한 형식적인 변화로 괴임석을 끼워 공예탑과 같은 인상을 주는 탑이다. 강원도 춘천시 소양로 2가, 보물 제77호(위 왼쪽)

서울 홍제동 5층석탑 탑신부에 괴임석 1매씩 이 끼워져 있고 현재 경복궁내에 옮겨져 있다. 보물 제166호(위 오른쪽)

신복사지 3층석탑 강원도 강릉시 내곡동 403, 보물 제87호(아래)

경천사(敬天寺) 10층석탑　이 탑은 이맛돌에 '지정 8년 무자(至正八年戊子)'라는 명문이 있어 1348년에 만들어진 것임을 알 수 있다. 이 석탑의 위치는 경기도 개풍군 광덕면 중연리 경천사지였으나 일제 침략기에 일본인들이 본국으로 불법 반출하였다가 후에 한국으로 다시 반환되어 세워졌는데 이러한 연유로 지대석은 결실되고 말았다. 왼쪽은 탑의 전체 모습이고 오른쪽은 탑신부와 기단부의 모습이다. 경복궁내, 국보 제86호

석탑

들어가는 말

    우리나라 고대 미술 문화의 주류를 이루고 있는 것은 불교 미술이다. 그리고 오늘날 남아 있는 고대의 유적 유물 가운데 가장 많은 수를 차지하는 것 역시 불교적인 조형 미술품이다.

    이와 같은 불교 미술 가운데서도 양과 질, 양면에서 가장 우위를 차지하는 것이 '탑파'와 '불상'이라 할 수 있으니 이는 탑파와 불상이 불교의 예배 대상으로서 불교 신도들의 신앙과 정성이 모두 이 두 곳에 결집되었던 때문이라 하겠다. 다시 말하자면 불교에서는 사원을 건립하는 목적이 탑파와 불상을 봉안하고 예배하기 위해서였다고 할 수 있다. 왜냐하면 탑파는 불교의 교주인 석가모니의 사리를 봉안하기 위하여 건립하였기 때문이며 불상은 직접 예배를 올리는 대상인 때문이다. 그러므로 탑파와 불상이 가장 뛰어난 불교 미술로서 한국의 고대 미술을 대표하고 있다고 해도 과언이 아닐 것이다.

    현재까지 조사된 전국의 탑파는 천 수백 기를 헤아릴 수 있는데 이 천 기가 넘는 탑은 만들어진 재료에 따라 목조탑파(木造塔婆), 전조탑파(塼造塔婆;벽돌로 쌓은 탑), 모전석탑(模塼石塔;모전석으로 쌓은 탑), 석조탑파(石造塔婆), 청동탑(青銅塔), 금동탑(金銅塔)

등으로 구별된다.

탑파의 의의

탑파는 '탑'이라고도 하고 '스투파(窣堵婆)'라고도 쓰는데 이를 의역하여 방분(方墳) 또는 고현처(高顯處)라 일컫기도 한다. 그러나 일반적으로는 탑이라고 하며 스투파는 고대 인도어인 범어(梵語, Sanskrit)의 'stūpa'의 소리(音)를 한자로 표기한 것이며, 탑파는 파리어(巴梨語, Pali)의 'thūpa'를 한자로 표기한 것이다.

스투파의 원래 의미는 신골(身骨)을 담고 토석(土石)을 쌓아 올린 불신골(佛身骨;진신사리)을 봉안하는 묘라는 뜻을 나타내는 말이다. 다시 말해 탑파는 석가모니의 사리를 봉안하기 위하여 만들어진 건조물에서 비롯되었다고 하겠다.

스리랑카 같은 나라에서 탑을 다가바(Dāgaba) 또는 다고바(Dagoba)라 부르고 있는 것은 다투가르바(Dhātugarba) 곧 '사리봉장(舍利奉藏)의 장소'라는 말을 약하여 부른 데서 비롯되었다고 한다.

현재 버마에서는 탑을 파고다(Pagoda)라 부르고 구미인들 역시 파고다라고 부르며 세간에서는 흔히 좁고 긴 고층 건물을 탑이라고 부르는 일이 있는데 정확하게 말하면 그것은 타워(Tower) 같은 것이지 스투파는 아니다. 그러므로 사찰에 건립된 탑들은 엄밀하게 말하면 '탑파' 또는 '불탑'이라고 표현해야 될 것이 아닌가 한다.

그런데 탑파 또는 불탑이 석가모니 곧 불타(佛陀)의 진신사리를 봉안한 '사리탑'이라고 말하는 데 대하여 승려의 사리를 모신 탑도 또한 '사리탑'이라고 일컫는다. 이러한 경우 불탑과의 구별은 어떻게 하느냐의 의문이 있을지도 모른다.

그러나 불탑이란 교주의 진신사리를 모신 사리탑이므로 불가에서는 가장 존엄한 존재이고 예배의 중심이 되기 때문에 반드시 사찰 경내의 중심부 곧 법당 바로 앞에 건립하여 신앙의 중심으로 삼고 있는 것이다.

한편 이에 대하여 승려의 사리탑은 부도(浮屠)라 하여 불가에서의 숭배의 대상은 될 수 있을지라도 신앙의 중심이 될 수는 없기 때문에 사찰 경내에서는 벗어난 한적한 곳에 건립하는 것이 통례로 되어 있다. 그러므로 사리탑은 세워진 위치로 우선 구별된다. 그래서 각 사찰에서는 승려의 부도들을 되도록이면 한 장소에 모아 부도군(浮屠群, 부도밭)을 마련하고 있는 것이다.

불교의 교주인 석가모니가 인도의 구시나가라(Kuśinagara) 사라 쌍수(沙羅雙樹) 밑에서 세상을 떠난 후 그의 제자들은 유해를 당시 사회의 장속(葬俗)에 따라 다비(茶毘, 火葬)하였다.

이 때 인도의 여덟 나라는 그의 사리를 차지하기 위하여 쟁탈이

일어났는데 그 때 제자의 한 사람인 도로나의 의견에 따라 불타의 사리를 똑같이 여덟 나라에 나누어 주어, 각기 탑을 세우니 이를 '분사리(分舍利)' 또는 '사리팔분(舍利八分)'이라고 한다. 사리 신앙은 이 때부터 싹트기 시작하였으며 불탑의 기원 역시 이 때부터인 것이다.

석가모니께서 입멸(入滅)한 지 백년이 지나 대인도 제국을 건설한 마우리아(Maurya) 왕조의 아쇼카왕(Aśoka, 기원전 273~232년)은 부처님의 사리를 안치한 8대 탑을 발굴하여 이 사리들을 다시 8만 4천으로 나누어 전국에 널리 사리탑을 세웠다고 중국의 불전이 전하고 있다. 신심 깊은 아쇼카왕이 넓은 지역에 일시에 많은 탑을 건립하여 불교를 크게 전파시켰음을 알 수 있다.

기원전 3세기 아쇼카왕 때의 불교 중심지였던 산치(Sanchi)에는 지금도 거대한 불탑(산치탑)이 남아 있어서 당시의 상황을 짐작할 수 있다. 이 '산치탑'은 거대할 뿐만 아니라 4대 탑문(塔門)과 주위

인도의 산치탑(왼쪽)
산치탑의 탑문(오른쪽)

난간의 조각들이 아름답고 또한 가장 오래 된 불탑으로도 널리 알려져 있는 세계 제1의 탑파이다.

이와 같이 불탑을 세우는 양식은 원래 인도에서 비롯되어 8기의 탑을 쌓았었는데 최초의 탑은 반구형(半球形)을 이루어 마치 분묘와 같은 모양을 보이고 있다. 이렇듯 탑은 본래 원분형(圓墳形)을 이루고 있는데 차차 후대에 이르러 그 밑에 높은 기단을 만들어 탑신(塔身)을 받치고 있으며 상륜(相輪)도 그 수효가 늘어나는 한편, 주위에 돌난간을 둘러 아름다운 조각을 새겨 놓았음을 볼 수 있다.

그러나 우리나라에서는 그 사정이 다르다. 우리의 불교 수용은 중국을 거쳐 4세기 후반에 비롯된 것이고 탑파의 건립 또한 그러한 경로였기 때문에 인도, 중국과 다른 독특한 탑파의 양식이 이루어졌다. 이러한 여러 가지 상황을 다음의 내용에서 살펴보고자 한다.

석탑의 발생

앞에서도 말했듯이 불탑은 그 재료에 의하여 목탑, 전탑, 모전석탑, 청동탑, 금동탑, 석탑 등으로 구별할 수 있다.

우선 목탑을 살펴보면 그 재료가 목재이므로 불에 타기 쉬워서, 사실상 여러 차례의 병화(兵火)로 모두 타버리고 고대에 만들어졌던 목탑의 실물은 없다. 그러나 신라시대 목탑이 있었던 흔적으로는 경주 황룡사 9층 목탑지와 사천왕사 목탑지, 망덕사 목탑지 등이 남아 있다. 백제시대의 목탑 유적으로는 부여 군수리 사지의 목탑지와 금강사 목탑지를 볼 수 있으며, 고구려의 것으로는 평양 청암리 사지의 목탑지와 평안남도 대동군 상오리 사지의 목탑지 등이 남아 있을 뿐이다.

그러나 이러한 가운데서도 조선시대 후기인 17세기 초반의 건축

물인 충청북도 보은군 속리산의 법주사 팔상전은 옛 목탑의 양식을 오늘에까지 전해 주고 있는 유일한 목탑의 유구이다(국보 제55호). 이 밖에 전라남도 화순군 쌍봉사의 대웅전으로 사용하고 있었던 3층 불전이 있었으나 1984년에 소실되었다. 그러나 근년에 이르러 그 자리에 다시 3층 불전을 건립하여 옛 모습을 보임으로써 목탑의 자취를 알 수 있는 또 하나의 건물이 되었다.

한편 전탑은 탑을 건립하기에 앞서 인공을 가하여 벽돌을 생산하여야 했기 때문에 수고가 많이 들고 작업의 과정에 어려움이 많아 전국적으로 파급되지 못하고 지역에 따라 일부에서만 건조되었다.

그리고 모전석탑도 전탑과 같이 석재로 벽돌형을 다듬어 모전석을 생산하는 작업이 먼저 이루어져야 했기 때문에 크게 유행할 수는 없었다.

법주사 팔상전

청동탑과 금동탑 등 금속제 탑들은 사실상 가람(伽藍) 배치의 중심적인 존재가 아니고 건물내의 봉안탑으로 만들었던 것이기 때문에 일반적인 건조물로서의 탑파라고 하기보다는 하나의 공예탑 혹은 공예품으로 보는 것이 좋을 것 같다.

그러나 이와 같은 여러 가지 탑파와는 달리 질이 좋은 화강암이 많이 채취되는 우리나라의 자연적인 조건 아래서는 석탑이 크게 발달할 수 있었다. 그러므로 1천여 기의 탑파 가운데 대부분이 석탑이고 그 모양도 다양하며 다채로운 수법을 보이고 있어 한국의 탑파를 이해하고 탑의 역사를 연구하려면 곧 석탑에 대한 것을 아는 것이 빠른 길이다.

외국의 경우를 볼 때 인도와 중국은 무진장한 황토 진흙과 많은 사람을 동원해서 벽돌을 만들어 전탑을 쌓아 올렸기 때문에 '전탑의 나라'라고 할 수 있으니 오늘날 남아 있는 인도 각저의 탑파는 거의가 전탑 혹은 모전석탑인 것이다.

인도에는 석가모니와 관계된 4대 성지 혹은 8대 성지가 있다.

인도 구시나가라 안가라 차이티야 대탑

4대 성지란 석가모니께서 카비라 성주의 왕자로 태어난 룸비니 (Lumbini)를 비롯하여 성도(成道)한 보드가야(Buddha Gaya), 초전 법륜지(初轉法輪地)인 사르나트(鹿野苑, Sarnath), 마지막 열반지인 구시나가라(Kusinagara)를 말한다.

8대 성지는 4성지에 석가의 수행지인 라지길(Rajgir), 석가의 생전에 관계가 깊었던 바이사리(Vaisali), 석가가 오랜 동안 체류하 며 전법한 스라바스티(Sravasti), 석가가 33천(天)들을 교설(敎說) 했다는 산카샤(Sankasya) 등을 합한 것이다. 이곳 성지에 남아 있는 불탑들은 모두 전탑 혹은 모전석탑으로 유명하다. 예컨대 사르나트 의 '다메크 대탑(Dhamekh Stūpa)'은 벽돌로 쌓아 올린 원통형 불탑 으로 아쇼카왕 시대에 건조되어 굽타왕조 시대에 증축되었다고 전하는 거대한 전탑이다. 구시나가라의 '안가라 차이티야(Angar Chaitya)'도 벽돌로 쌓아 올린 거대한 전탑이며, 이 밖에 전국 각지의 불탑들이 모두 벽돌로 이루어져 있다.

일본의 경우는 나라(奈良)를 중심한 고대의 사찰에서 목탑들을

인도 사르나트 다메크 대탑

볼 수 있으니 특히 호류지(法隆寺)의 5층목탑은 그 대표이며 근세에
이르러서도 목탑을 건립하였음을 전국 각지에서 볼 수 있다. 일본은
예부터 풍부한 목재를 사용하여 많은 목탑을 건조하였기 때문에
'목탑의 나라'라고 할 수 있다.

   이에 대하여 한국은 '석탑의 나라'라고 일컬을 수 있으니 실제로
우리나라에는 세계 어느 나라보다도 석탑이 훨씬 많다.

   이렇듯 석탑은 한국 미술사의 근간을 이루고 있는 불교 조형 미술
품 중에서도 그 주류인 탑파의 중심이 되고 있다. 따라서 이에 대한
고찰은 곧 한국 미술사 연구의 지름길인 바, 이러한 견지에서 이미
과거에 돌아가신 고유섭 선생을 비롯하여 현재 황수영, 진홍섭 박사
등 여러 선학들의 조사 연구가 진행되고 있다.

일본 나라의 호류지 5층목탑

앞에서도 말했듯이 한국에는 품질이 우수한 화강암이 많다. 그러므로 오늘날 남아 있는 역사적인 유적 유물 가운데 석조 미술품이 다른 어느 것보다 그 수효가 단연 으뜸이다. 물론 석조물이라고 해서 반드시 화강암으로 만들어진 것만은 아니다. 수성암이나 납석, 점판암, 대리석 등으로 이루어진 석조 미술품도 상당수가 있다. 그러나 이들보다는 화강암으로 이루어진 것이 훨씬 많으며 실제로 조사된 수를 보아도 거의가 화강암으로 만들어진 유적 유물들이다.

이러한 현상은 곧 화강암이 다른 암석보다 풍부하였고 특히 암질이 채석과 치석을 하기에 손쉬워 여러 가지 조각과 건조물에 적합했기 때문이다. 그리고 목조나 지물(紙物), 토제(土製), 금속제(金屬製) 등의 여러 조형물이 재난을 당할 때마다 모두 불에 타버리고 파괴되어 때로는 흔적조차 없어지는 경우와는 달리 석조물은 내구성이 있고 화재에도 잘 견디기 때문에 다른 어느 유물보다도 많은 수를 남기고 있는 것이다.

그리하여 예부터 많은 조형물이 석재로 이루어졌고 그 중에서도 손쉽게 다량으로 채취되는 화강암이 대부분이었으며 4세기 후반에 이르러 불교가 들어온 이후부터는 불교 미술품 전반에 걸쳐서 화강암이 그 조성 재료로 사용되었다. 더욱이 불교의 융성은 곧 장엄미(莊嚴美)를 갖춘 여러 가지 조형물의 조성을 가져오게 되었다. 이때 다량으로 필요했던 화강암 등의 석재가 한국에서는 어렵지 않게 충당되었고, 이러한 연유로 이후 전국 방방곡곡에는 헤아릴 수 없이 많은 석탑이 건조되기에 이르렀던 것이다.

한국의 석탑 발생기는 삼국시대 말기인 600년경으로 추정되는데, 불교를 받아들인 4세기 후반부터 6세기 말엽까지의 약 200년간은 목탑의 건립 시기로서 이같은 목탑의 경영과 그 전통의 연마가 드디어는 석탑을 발생케 한 것이라 보겠다.

석탑의 건립에 앞서 목탑이 유행하였던 것으로 추정되는데, 초기의 목탑은 삼국이 모두 중국의 고루형(高樓形) 목탑 양식의 조형을 따른 누각 형식의 다층으로 방형(方形) 혹은 다각의 평면을 이루었던 것으로 생각된다. 이러한 추정은 현재 남아 있는 당시의 유구들에 의한 것이다. 고구려의 유적인 평양 동쪽의 청암리 사지에서 8각 건물의 8각 기단과 대동군 임원면 상오리 사지에서 또한 팔각당의 기단부가 조사되어 목탑지로 추정된 바 있다.

백제의 유구로는 부여의 군수리 사지와 익산군 왕궁면 제석사지에서 방형의 목탑 기단지가 확인되었다. 그리고 신라의 유지(遺址)로는 경주시 월성 동쪽의 황룡사지에서 9층목탑지를 볼 수 있는데, 이것은 경주를 중심한 많은 고대 절터의 목탑지 중에서 가장 대표적이라 할 수 있다. 한국에 세워진 탑 중에서도 최고(最古) 최대라 할 수 있으니 현재도 이 대탑의 유지에서 방형의 기단과 64개의 방형 초석을 확인할 수 있어 7칸 4면의 규모와 옛 기록에 보이는 높이 225척의 대목탑을 짐작할 수 있는 것이다.

경주 황룡사 9층 목탑지

이와 같이 삼국에서는 석탑이 발생하기 이전에 목탑이 먼저 유행했었으며, 석탑은 그 후 삼국 말기에 이르러 백제에서 비로소 건조되었는데 그 양식은 곧 당시 유행하던 목탑을 본뜬 것이었다.

그런데 한국의 석탑이 백제에서 비롯된 데에는 그럴 만한 이유가 있었다. 우선 백제는 그 당시에 다른 어느 나라보다도 건축술이 발달하였다. 백제가 '사탑심다(寺塔甚多)'의 나라로서 널리 국외에 알려진 사실과 신라가 황룡사 9층목탑을 건립할 때 백제의 아비지가 초빙되어 거역(巨役)을 담당하였다는 사실, 그리고 일본 초기에 사원을 세우기 위하여 백제의 사공(寺工)이나 기와박사 등이 건너갔다는 등의 역사적 사실을 통해 백제에서 사찰이나 탑파의 건립이 융성했었으며 이로 인해 석조 미술이 어느 나라보다도 앞서 있었음을 짐작하게 한다.

이렇듯 백제에서는 특히 건축술이 발달되었는데 이러한 오랜 전통과 기공(技工)의 연마는 마침내 7세기 초반에 이르러 석재를 사용하여 목탑을 모방한 탑파를 만드는 석탑의 시원(始源)을 이룩하게 되었다. 한국 석탑의 연원은 바로 여기서 찾아야 할 것이다.

삼국시대의 시원 양식(始源樣式)

한국 석탑의 시원이라 할 수 있는 백제시대의 석탑으로 오늘날까지 남아 있는 것은 전라북도 익산군 금마면 미륵사지 석탑과 충청남도 부여읍 정림사지 석탑뿐이다. 초기 석탑인 이 2기(基)의 각부를 살펴봄으로써 석탑의 발생 과정을 알 수 있게 될 것이다. 우선 이 두 탑에서 건조 재료가 화강암이고 가구 수법(架構手法)이 매우 견고한 점에 주목하게 된다.

우선 미륵사지 석탑(국보 제11호)을 살펴보면 현재 절터 서쪽에 위치하고 있는데 이곳이 원위치이다. 이 석탑을 한국에서 가장 오래된 석탑으로 보고 석탑의 시원을 여기에 두고 있는 이유는, 이 탑이 석조물이지만 보는 순간 그 양식이 목탑과 비슷함을 누구나 느낄 수 있다는 점 때문이다. 그러므로 이 탑은 이전에 선행되었던 목탑의 각부 양식을 목재 대신 석재로 바꾸어서 충실하게 구현하고 있기 때문에 당연히 석탑 발생의 선두에 두게 되는 것이다.

각부의 구조를 살펴보면 기단부는 목탑에서와 같이 낮고도 작은

미륵사지 석탑(오른쪽)

편이다. 탑신부는 초층 탑신의 각 면이 3칸씩인데 중앙의 1칸에는 사방에 문호를 마련하여 내부로 통하게 하였으며 그 내부의 교차되는 중심에 거대한 방형 석주가 있다. 이것이 곧 찰주(擦柱)인데 이러한 석주가 지탱하고 있는 것도 목탑과 같은 형식이라 하겠다. 각 면에는 '엔타시스'를 표시한 장방형(長方形) 석주를 세우고 그 위에 평방(平枋)과 창방(昌枋)을 가설하였으며 두공(枓栱) 양식을 모방한 3단의 받침이 옥개석(屋蓋石)을 받고 있는데 이것 또한 목조 건물 가구의 수법을 본받고 있다. 2층 이상의 탑신은 초층보다는 훨씬 얕아졌으나 각 층 높이의 차이는 심하지 않으며 가구 수법이 간략화되었다.

옥개석은 얇고 넓은데 네 귀퉁이의 전각에 이르러 약간의 반전(反轉)을 보이며 2층 이상의 옥개석은 위로 올라갈수록 폭이 줄어들었을 뿐, 두공 양식의 3단 옥개 받침이나 전각의 반전 등 각부는 초층의 구성과 같은 수법을 보이고 있다.

한편 이 석탑의 건립 연대에 관하여는 과거에 일본 학자들이 통일신라시대의 건조물로 비정(比定)한 바 있고, 한국 학자들도 백제의 공주 도읍기인 동성왕대(東城王代;479~500년)로 추정하기도 하였으나 이 문제는 곧 미륵사의 창건과 아울러 고찰되어야 할 것이다.

이러한 연대의 추정은 석탑 자체가 지니고 있는 양식과 수법상의 고찰은 물론이고 아울러 고대의 기록에서도 그 뒷받침을 얻음으로써 더욱 확고해질 수 있다. 따라서 「삼국유사」의 권2 '무왕조(武王條)'의 내용을 주목해야 할 것이다. 이와 같은 점에서 이 석탑은 역시 백제 말기인 무왕대(武王代;600~640년)의 건립으로 추정하는 것이 옳을 것 같다.

이상으로 미루어볼 때 미륵사지 석탑은 7세기 초반에 건조된 탑으로 목탑 가구의 세부까지도 충실하게 모방함으로써 한국 최초의 석탑을 이룩하였으니 이 석탑의 양식이야말로 목탑이 유행하던 백제에서 석탑이 발생하는 과정을 뚜렷하게 실물로 보여 주고 있는 것이다.

다음에 부여 정림사지 5층석탑(국보 제9호)은 부여 읍내 동남리의 원위치에 남아 있는데 미륵사지 석탑과 함께 백제 석탑이 목조의 번안에서 시작되었다고 추정할 수 있는 근거를 보여 주고 있는 유구임은 물론이고, 각부의 양식 수법이 특이하여 한국 석탑 양식의 계보를 정립시키는 귀중한 존재라 하겠다.

이 석탑은 좁고 낮은 단층 기단과 각 층의 우주(隅柱)에 보이는 '엔타시스' 수법, 얇고 넓은 각 층의 옥개석 형태, 옥개석 전각에 나타난 반전, 목조 건물의 두공을 변형시킨 옥개석 하면의 받침 수법, 특히 낙수면 네 귀퉁이의 우동 마루형 등은 이 탑이 목탑적인 면을 보여 주는 특징이라고 하겠다. 현재 상륜부(相輪部)를 결실한 노반석(露盤石)까지의 석재가 149개인데 이것만으로도 이 탑이 목조 가구의 번안임을 알 수 있는 것이다.

그러나 세부 수법에 있어서는 맹목적인 모방에서 탈피한 정돈된 형태에서 세련되고 창의적인 조형을 보이고 있다. 그리하여 전체의 형태가 장중하고 명쾌하여 격조 높은 기품을 풍기고 있으므로 미륵사지 석탑을 본받기는 하였으나 그 시원에서는 다소 벗어난 발전된 수법을 보이고 있어 석탑 발달 과정을 고찰하는 데 중요한 유구로 주목되고 있다.

이 석탑의 건립 연대에 관해 과거 일본 학자들이 '평제탑(平濟塔)'이라 칭하던 때에는 초층 탑신의 각자(刻字)에 보이듯 당나라 현경(顯慶) 5년, 곧 백제 의자왕 20년(660)으로 오해되었으나 본래 이 석탑은 백제 사원(정림사)에 세워졌던 백제 탑으로 보는 것이 옳을 것이다. 따라서 건조 시기는 7세기 초반 미륵사지 석탑 다음에 세워진 것으로 추정하는 것이 좋을 것 같다.

이와 같이 백제에서 건조된 2기의 석탑은 똑같이 석재를 사용하

부여 정림사지 5층석탑(왼쪽)
분황사 석탑(오른쪽)

여 목탑을 모방함으로써 발생하였으므로 이 두 탑을 목탑계 석탑이
라 할 수 있겠다.

그러나 당시 신라에서의 석탑 발생 사정은 백제와는 다르다. 신라
의 석탑은 일반적으로 말하는 전탑(塼塔)의 모방에서 출발하였다고
보겠다. 그러나 그 받침의 형식 등이 전탑의 양식으로부터 발생하였
다는 것은 아니고 전체에 하나의 양식 발생사적인 계열이 있다는
것이다.

신라의 석탑으로 가장 오래 된 것은 경주의 분황사 석탑이다.
이 탑은 전탑 양식에 속하는 것 같으나 이 탑을 구성하고 있는 재료
는 전이 아니고 석재이다. 이 석탑은 선덕여왕 3년인 634년에 낙성
된 것이며 백제의 무왕대와 같은 때이다. 신라 석탑의 출발은 여기

에 있다고 하겠다.

　분황사 석탑(국보 제30호)은 장대석으로 구축한 단층의 기단을 갖추고 그 중앙에는 탑신부를 받기 위한 널찍한 1단의 화강암 판석(板石) 괴임대가 마련되어 있는데 탑재는 백제 석탑과는 달리 흑갈색의 안산암(安山岩)이다. 이 탑은 안산암을 소형의 장방형 벽돌 모양으로 절단하여 쌓아 올려 전탑형을 이루었으니 백제 석탑과 다른 점이 여기에 있다고 하겠다. 여기서 또 한 가지 석재에 대한 집착을 볼 수 있으니 초층 4면에 감실(龕室)이 설치되어 있고, 그 좌우에 인왕 입상(仁王立像)이 배치되었는데 이들은 모두 화강암을 사용하고 있다. 이와 같이 일부에서 화강암을 혼용하고 있으나 주된 재료가 이와 다르고 또 그 양식도 백제 석탑과는 달라서 거의 때를 같이 하는 7세기 초반에 양국에서 발생한 석탑의 차별상을 알 수 있겠다.

　다음으로 분황사 석탑과 관련된 탑으로 경상북도 의성군 금성면 탑리동에 있는 5층석탑을 들 수 있다. 의성 탑리(義城塔里) 5층석탑(국보 제77호)은 전체적으로 보아 석재로 전탑 양식을 모방한 것임을 곧 알 수 있다. 이 석탑은 넓고 큰 기단 위에 5층의 탑신부를 구성하고 있는데 탑신을 받기 위한 1매의 판석과 옥개의 상하 받침이 5단인 점은 곧 분황사 석탑과 통하는 점이며 기단이 광대한 것도 상통하는 점이라 하겠다.

　그런데 의성 탑리 5층석탑은 분황사 석탑과는 달리 새로운 착상과 옛 수법의 간략화를 발견할 수 있다. 예를 들면 기단이 잘 정비된 건축 기단의 양상을 보이고 있으며 탑신부의 탑신에는 우주 이외에 주형(柱形) 1주를 만들었고 사방에 설치하였던 감실은 한 면에만 마련하고 있다. 그리하여 이 석탑은 백제의 석탑인 미륵사지 석탑이나 부여 정림사지 5층석탑에서와 같이 기단부의 우주, 탱주(撑柱)나 탑신의 우주, 주신(柱身)에 '엔타시스'가 강하게 나타나 있다. 이러한 점으로 보아 이 석탑이 미륵사지나 정림사지 석탑과 같이 양식 발생의 초기 유구에 속할 것으로 추정된다. 따라서 탑리 석탑을 한국 석탑의 선구적인 것 중의 하나라고도 말할 수 있겠다.

위와 같은 상황을 요약하면 백제에서는 화강암을 사용하였으되 목탑계 양식을 따랐고, 반면에 신라에서는 화강암을 혼용하였으나 안산암을 주재로 삼아서 전탑계 양식을 모범으로 삼았다는 점이다. 이러한 양국의 초기 석탑은 그 기본 평면을 정방형으로 하여 다층을 이루었다는 사실과 양국이 똑같이 석재를 사용하였다는 점에서 서로 일치하고 있다.

의성 탑리 5층석탑

통일신라시대

전형 양식

7세기 전반인 삼국시대 말기에 이르러 백제와 신라에 세워진 석탑의 초기 형태와 양식은 서로 달랐지만, 얼마 후에 두 지역의 석탑은 같은 유형의 탑으로 서로 합쳐지게 된다. 그리하여 참된 의미의 한국 석탑의 전형을 이룩하게 되었다. 이것이 곧 신라 석탑의 전형이며 그 계기는 말할 것도 없이 삼국 통일이라는 신라의 역사적 위업이라 하겠다.

삼국 통일은 곧 민족 통일의 대업이었으며 그 성과는 비단 국토와 국민의 통합과 융합에만 그친 것이 아니고 문화와 예술에 이르기까지 전반에 걸쳤던 것이다. 석재를 가지고 건조한 석탑도 따로 발생하였기 때문에 양국이 서로 달랐지만 이와 같은 중대한 역사적 전환을 맞이하여 하나로 종합됨으로써 한국 석탑으로서의 독창적이고 새로운 양식을 이루게 되었다.

그러므로 한국 석탑의 양식은 시대와 문화상을 따라 변천하였다고 말할 수 있을 것이다. 동시에 석탑이 불교적인 조형물이기 때문에 어디까지나 불교 자체의 성쇠를 반영하고 믿음을 구현했다고 할 것이다.

삼국 통일의 새로운 계기를 맞아 집약 정돈된 형식으로 건조된 석탑 중에서도 가장 시원적인 양식의 표본을 보이고 있는 것이 경상북도 월성군 양북면 용당리의 감은사지 동, 서 3층석탑과 경주시 암곡동(현재는 국립 경주박물관 마당에 옮겨 세웠다)의 고선사지 3층석탑이다. 이 두 석탑이 똑같이 새로운 통일 국가의 도읍지인 경주를 중심으로 역사적 전환을 통해 새로운 하나의 석탑 양식이 발생되었다는 사실에 주의를 끌게 한다.

감은사지 3층석탑(국보 제112호)은 현재 동해구(東海口) 대종천(大鐘川) 북쪽 언덕의 감은사 옛터에 동서로 쌍탑이 있다. 감은사는 통일의 영주(英主)인 문무대왕(文武大王)이 왜병(倭兵)을 물리치고자 창건한 호국대찰로서, 대왕은 그 완성을 보지 못하고 승하함에 그의 아들 신문왕 2년(682)에 이르러 낙성된 것이니 동, 서 3층석탑도 같은 시기로 보아 건립 연대가 682년 이후로 떨어지지는 않을 것이다. 이렇듯 문무대왕의 성려(聖慮)가 어려 있는 이곳 감은사 석탑의 건립을 볼 때 삼국시대 말기에 신라와 백제 두 나라의 석탑 양식이 여기에 하나로 집약된 것처럼 한국 고대의 조형물들은 각기 그 시대의 소산물임을 이곳에서도 실증해 주고 있는 것이다.

이 동, 서 쌍탑은 서로 같은 형식, 같은 규모인 신라 최대의 3층석탑이다. 2층 기단 위에 3층 탑신부와 상륜을 차례로 형성하였는데 이러한 상하 기단의 양식 또한 이 석탑에서 비롯한 것이다.

상하층 기단 각 면에 우주와 탱주를 세워 목조 건축의 축부(軸部)를 모방하였고 탑신부에도 양쪽 우주를 모각하여 역시 목조 건축을 모방하였다. 옥개석은 폭이 줄어들었고 추녀 밑은 전각에 이르기까지 직선을 이루었으며 그 밑에는 몇 단의 층이 마련되어 있어서 곧 전탑의 양식을 보이고 있음을 알겠다. 옥개 상면인 낙수면은

전탑 형식과는 달리 층급이 없는 경사를 이루고 있으며 전각에서
반전이 뚜렷하여 목조 건축의 지붕을 모방하고 있음을 곧 알 수
있다.

이와 같은 양식은 이후 한국 석탑에서 하나의 전형으로 정립되었
으며 시대에 따라 부분적으로 다소의 변화가 있기는 하였으나 그래
도 이 형식을 오래도록 지켜 주류를 이루었다.

한편 이러한 초기의 석탑에서 주목되는 점은 각부의 구성이 백제
시대의 석탑과 같이 많은 석재를 사용하고 있다는 점인데 이것은
곧 목조 건축의 구조성을 잃지 않고 있는 증거라고 하겠다.

종합적으로 검토할 때 이 석탑의 전체 구조에서 기단부나 탑신부
를 막론하고 목조 건축을 모방하여 석재로 구현함으로써 신라 석
탑, 나아가서는 한국 석탑의 시원을 이루고 있음은 말할 필요도
없다. 그러므로 하층 기단의 탱주가 3주이며 초층 탑신 네 귀퉁이의
우주도 별석(別石)을 세움으로써 시원 양식의 각부가 그대로 신라식

감은사지 동, 서 3층석탑(왼쪽)
감은사지 서 3층석탑의 기단부(오른쪽)

정형의 모태가 되어 옥개 받침이 5단이고 낙수면은 지붕 모양으로 경사를 보이게 되어 있다. 그리고 괴임 수법에 있어서도 상층 기단을 받는 하층 기단 갑석 상면의 괴임은 각형(角形) 2단이며 옥개석 정상에 각형 2단의 괴임을 마련하여 그 위층의 부재를 받고 있다.

한편 탑신부에 있어서의 장식적인 의장은 전혀 보이지 않아 역시 이러한 점에서도 시원적인 석탑임을 새삼 느끼게 한다. 정상의 상륜부에는 남아 있는 부재가 없으나 철제 찰주가 꽂혀 있어 상륜부의 존재를 확인할 수 있다. 이 철간(鐵竿)은 높이 5미터로 한국 최대인데 역시 석탑 자체가 거대한 규모이기 때문에 이에 따른 찰주도 자연히 커진 것이다.

이곳 감은사 옛터는 1959년에 국립중앙박물관에서 처음으로 발굴 조사하였으며 이 때 서쪽의 3층석탑을 해체 수리했을 때 3층 탑신의 사리공 안에서 희귀한 사리 장치가 발견되어 현재 국립중앙박물관에 진열되어 있다. 이 사리 장치 일체는 후세의 보강이나 개조 등이 전혀 없이 원형대로 간직된 창건 당시의 것으로 신라 전형의 시원 석탑의 사리 장치법이나 그 내용 등을 연구하는 데 귀중한 자료이다.

또 하나의 시원 석탑으로 고선사지 3층석탑(국보 제38호)을 들수 있다. 이 석탑은 기단부에 상하층 면석과 갑석이 여러 개의 석재로 결구되었으며 특히 하층 기단 면석의 탱주가 3주(三柱)인 점 등은 역시 목조 건축을 모방한 신라 석탑의 시원적인 양식을 잘보이고 있는 부분이라 하겠다.

탑신부도 초층과 2층의 탑신이 여러 개의 석재로 이루어졌고 양쪽에 우주를 각출하여 역시 목조 건축을 모방하였으며 각 층 옥개석이 8매씩으로 형성되어 있어 아직 단일성을 보이지 않는 점 등이 시원 양식으로서 주목된다. 그리고 네 귀퉁이의 전각에서 반전이 뚜렷한 것은 곧 목조 건축의 지붕을 모방하였다고 보아도 무리는 아닐 것이다.

　괴임 수법에 있어서는 상층 기단 갑석 위에 마련된 탑신 괴임대를 비롯하여 각 층 옥개석 상면에 각출된 탑신 괴임 모두가 높직한 각형 2단씩이다. 이것이 시대의 흐름과 석탑의 규모에 따라 축소되

고선사지 3층석탑

기는 하나 그래도 각형 2단인 것은 변함이 없으니 시원적인 석탑의 한 규범임을 입증해 준다.

고선사에는 일찍이 원효대사가 살았었던 사실이 있고 그가 돌아가신 것이 신문왕 6년(686)이니 이 석탑의 건립 연대는 하한을 686년으로 추정할 수 있을 것이다. 이것은 석탑의 건축 양식으로 보아도 타당한 추정일 것 같다.

그런데 여기서 한 가지 특징적인 것으로 주목되는 점은 초층 탑신 각 면에 호형(戶形)을 조각한 점이다. 이렇듯 탑신부에 문비(門扉) 조각을 한 것은 이 석탑이 가장 오래 된 예이며 의성 탑리 석탑과 비교될 수 있는 점이다.

이후 신라의 석탑은 감은사와 고선사의 양탑을 전형적인 것 혹은 규범적인 것으로 보고 그것을 모범으로 삼았으나 차차 축소되거나 간략화되어 변해 가는 것을 볼 수 있다.

즉 앞의 감은사, 고선사의 양탑과 같은 석탑의 초기 가구는 시대의 흐름에 따라 복잡성이 간략화되어, 경상북도 월성군 현곡면 나원리의 5층석탑(국보 제39호)에서 탑신은 2층 이상부터, 옥개석은 3층 이상부터 모두 1석씩이며 탑신에 양 우주가 각출되고 옥개석에는 하면에 층계 받침이 마련되었을 뿐이다. 이 석탑을 구조상으로 보면 기단부의 형식은 감은사나 고선사 석탑의 기단과 같이 하층 면석에는 3주의 탱주, 상층에는 2주의 탱주가 모각되어 있다.

그러나 초층 탑신의 구성은 각 면 판석과 우주가 1석으로 합쳐졌고 4매의 면석은 엇물림식으로 구성되었으니 여기에서 간략화의 경향을 알 수 있다. 그리하여 이 석탑 역시 통일 초기의 작품으로 보되 건립 연대는 감은사, 고선사 양 석탑 다음 순서로 볼 수 있다.

한편 경주시 구황리 3층석탑(傳稱 황복사지 3층석탑, 국보 제37호) 기단부의 양식은 앞에서 이야기한 석탑들과 같으나 하층 기단 면석의 탱주가 3주에서 2주로 변화했다. 그리고 탑신도 각 면 판석

조립식이 아닌 1석으로 만들었으며 우주도 따로 석주를 세운 것이 아니라 각 층 탑신석 양 모서리에 각출하여 마련한 것이다.

　그런데 이 석탑은 효소왕 원년부터 성덕왕 5년(692~706) 사이에 신문왕 등 전대 왕족의 명복을 빌기 위하여 건립하였다는 내용의 명기가 나왔으므로 연대를 정확히 알 수 있다. 따라서 나원리 5층석탑의 건립 연대는 이보다 앞선 7세기 후반임이 더욱 확실하다고 하겠다.

　이같이 단일성의 경향은 기단부나 탑신부 할 것 없이 석탑 전체에 미치게 되어 앞선 시대의 복잡한 가구 양식이 간략화되었으며, 기단과 탑신부의 균형도 높고 큰 기단과 방대한 탑신부가 시대가 떨어지면서 거의 비슷한 크기로 되어 감을 볼 수 있다. 경주 불국사의 3층석탑(속칭 석가탑, 국보 제21호)이 그 좋은 예이다.

　이러한 불국사 3층석탑과 같은 양식 수법에 속하는 석탑으로

월성 나원리 5층석탑

경주 구황리 3층석탑

불국사 3층석탑(왼쪽 위)
경주 장수곡 3층석탑(오른쪽 위)
갈항사지 동 3층석탑(왼쪽)

금릉 갈항사지 3층석탑(국보 제99호) 동, 서탑 2기와 경상북도 창녕군 창녕읍의 술정리 동 3층석탑(국보 제4호), 경상북도 청도군 풍각면 봉기동 3층석탑(보물 제113호), 경주시 마동의 장수곡 3층석탑, 월성군 서면 명장리 3층석탑 등을 들 수 있는데 이들 석탑에서는 별개의 각부 부재를 가구한 수법을 찾을 수 없고, 전형 양식과 같은 수법을 표현한 석재를 중첩하여 구성하고 있으니 여기서 우리는 한국 석탑에서 가장 일반적인 전형 양식의 정형(定型)을 보게 된다.

이러한 유례로 보아 통일신라시대의 탑 건립은 8세기 중엽에 이르러 절정에 달하여 전형적인 양식의 정형기(定型期)를 맞이하였음을 알 수 있다. 이 당시의 정형은 모두 방형의 평면에 상하 2층 기단을 마련하고 그 위에 탑신을 받았으며 정상부에는 노반 위에 상륜을 장식하고 있다.

이것을 좀더 자세히 살펴보면 여러 개의 장대석으로 이루어진 지대 위에 2층 기단이 놓인다. 이 기단은 상하층이 동일한 형식이며 각 면석의 양쪽에 우주를 표시하고 중간에 2주의 탱주를 모각하였다. 하층 기단은 갑석에 부연이 없고 상면에 상층 기단 면석을 받는 원호(圓弧)와 각형의 괴임이 마련되었으나 상층 기단에는 갑석 하면에 부연이 정연하게 마련되어 있고 탑신부를 받고 있는 괴임대도 각형 2단이 정연하게 각출되어 있다. 탑신부에서는 각 층 탑신에 양 우주를 표시하고 옥개석은 하면에 층단의 옥개 받침이 5단씩 마련되어 있으며 낙수면 꼭대기에는 2단의 각형 괴임을 마련하여 그 위층의 탑신석을 받고 있다.

이러한 형식은 앞에서도 말한 바와 같이 통일 초기에 건립된 감은사지 3층석탑이나 고선사지 3층석탑과 같은 시원적인 신라 양식에서 전형의 정형으로 옮겨진 것이다. 여러 개의 석재가 생략되어 단일의 탑신과 옥개석을 이루게 되었고 기단부의 탱주는 상하층에서 3주가 2주로 줄어든 것이 현저하게 눈에 뜨인다. 특히 갈항사지 동, 서 3층석탑 중 동탑의 상층 기단 면석에는 건립 연기가 음각되어 있어서 이 탑이 경덕왕 17년(758)에 건조된 석탑임을 알 수 있으며 다른 석탑의 건립 연대를 추정함에 있어서도 하나의 표준이 되는 귀중한 탑이라 하겠다.

이렇듯 8세기 중엽에 이루어진 신라식 일반형 석탑의 정형인 방형 평면의 기본 양식과 단일성의 중층 형식은 이후 오랫동안 지켜진 양식 수법이며 우리나라 석탑의 주류이자 특색이라고 할 수 있다.

하대의 변형

신라의 석탑은 8세기 이후 시대가 내려가면서 부분적인 변화가 생기고 전체적으로 작아지는 경향을 볼 수 있다. 이를테면 옥개석의 받침이 5단이었던 것이 4~3단으로 줄어들거나 기단부 면석의 탱주가 상층부터 2주에서 1주로 줄거나 혹은 전혀 없어지기도 했다. 또 옥개석 정상면의 탑신 괴임도 2단에서 1단으로 작아지고 각형에서 호형으로 변하였으며 전체적인 규모도 거대하였던 것이 중형, 소형 탑으로 바뀌는 변형을 보이고 있다.

대체적으로 9세기에 들면서 점차로 변형이 나타나 9세기 후반에는 현저한 변화를 보이게 된다. 그 대표적인 예로 경문왕 10년 (870)경에 건립된 전라남도 장흥군 유치면 봉덕리의 보림사 동, 서 3층석탑(국보 제44호)을 들 수 있다. 이 석탑은 상층 기단 면석의 탱주가 2주에서 1주로 줄어들고 옥개석이 평박해졌으며 네 귀퉁이 전각의 반전도 아주 심하다. 그러나 이 석탑에서는 하층 기단의 탱주가 아직도 2주이고 옥개 받침도 5단을 그대로 유지하고 있다.

이러한 형식의 석탑에 속하는 것으로는 경상북도 영주군 부석면 북지리의 부석사 3층석탑(보물 제249호)을 비롯하여 경상남도 산청군 단성면 운리의 단속사지 동, 서3층석탑(보물 제72, 73호), 합천군 가야면 황산리의 청량사 3층석탑(보물 제266호), 울주군 청량면 율리의 청송사지 3층석탑(보물 제382호) 등을 들 수 있다.

그런데 신라 말기로 들어서면 석탑 자체의 규모가 작아질 뿐 아니라 각부 양식도 큰 변화를 일으키고 있음을 볼 수 있다. 즉 기단부의 석재가 줄어들고 각 면석의 탱주도 간략화되며 탑신부도 층마다 옥개석 받침의 층 수가 줄고 있다. 그리고 탑신 괴임의 모각 수법이나 탑신 괴임 및 낙수면 전각의 치석 형식에서 통일 성대의 전형으로부터 변형되어 간략화 혹은 부분적으로 생략되었다.

이러한 변형은 조형 미술품 자체의 양식적인 변화에서 일어난 결과라고도 하겠으나 한편으로는 당시의 사회, 정치적인 여러 가지 여건에 기인된 문제도 배제할 수 없다. 9세기 이후 왕실의 골육 상쟁과 지방 군웅의 할거로 사회가 혼란해져서 예술도 힘찬 기상에서 섬약해 감에 따라 조형 미술품도 그 규모가 작아지고 각부 양식도 간략, 혹은 생략된 것이 아닌가 생각된다.

그리하여 하층 기단의 탱주도 2주에서 1주로 줄어들고 옥개 받침도 5단에서 4단으로 간략화된 형식의 석탑이 말기적인 현상으로 나타났다. 예컨대 전라북도 남원군 산내면 입석리의 실상사 동, 서 3층석탑(보물 제37호)을 비롯하여 경상남도 합천군 야로면 월광리의 월광사지 동 3층석탑(보물 제129호), 경주 효현리 3층석탑(보물 제67호), 강원도 양양군 서면 오색리 3층석탑(보물 제497호) 등이 모두 이러한 유형이다.

신라 하대에 이르면 또 하나의 변형된 작품을 볼 수 있는데 기단부의 구조가 2층 기단이라는 기본형을 벗어나서 단층 기단으로 변화하여 그 위에 탑신부를 받고 있는 형식이다. 이 형태는 낮은 하층 기단이 생략되어 지대석 위에 바로 하층 기단이 놓이게 된 형식이다. 이러한 양식의 동기는 목조 건축의 기단이 단층이고 목조 건축을 번안한 백제계의 석탑들이 단층 기단인 점과 아울러 고려되어야 할 것이다.

그런데 이러한 단층 기단을 갖춘 석탑에서는 여러 개의 장대석을 결구하여 지대석을 마련한 위에 기단부를 구성하고 있는 것이 대부분이다. 간혹 통례와는 달리 지대석 대신 자연 암반 위에 기단 면석을 조립한 석탑을 볼 수 있으니 경주 남산의 용장사곡 3층석탑(보물 제186호)을 들 수 있겠다. 이 석탑을 보면 자연 암반의 상면을 평평하게 다듬고 높직한 괴임대를 마련하여 기단을 받았는데 단층으로서 2층 기단부의 상층을 놓은 것 같은 형식으로 양 우주와 1탱주가 모각되어 있다. 그리고 옥개 받침은 각 층마다 4단씩으로 역시 1단이 줄어들고 있다.

한편 이러한 형식의 석탑은 다음 왕조인 고려시대의 석탑 건조 양식에 크게 영향을 주어 신라시대의 전형적인 2층 기단의 석탑이 유행되는 한편, 이러한 유형도 많이 건조되어서 그 유례를 곳곳에서 볼 수 있다.

이상과 같이 한국 석탑의 발생에서 시원 양식을 거쳐 통일신라시대 전형의 정형 성립 및 하대에 이르러서의 변형된 형태까지를 대략 알아보았다. 그래서 여기서는 신라 석탑의 양식과 그 변천을 보다 쉽게 이해할 수 있도록 전형 양식의 정형으로부터 말기의 간략화된 양식에 이르기까지 몇 단계로 분류하여 살펴보고자 한다.

첫째는 전형 양식의 정형이라 볼 수 있는 석탑으로 앞에서 말한 것 외에 경주시 천군동의 동, 서3층석탑(보물 제168호), 합천군의 월광사지 서 3층석탑(보물 제129호), 전라남도 광주시 지산동의 광주 동 5층탑(보물 제110호) 등을 들 수 있다. 그리고 월성군 양북면 장항리의 5층석탑과 월성군 외동면 모화리의 원원사지 동서

3층석탑은 탑신부나 기단부 표면에 인왕상 혹은 사천왕상, 십이지신상의 조각으로 장식하고 있다. 그러나 석탑 자체의 구성이나 각부의 양식 수법에서 상하층 기단의 탱주가 2주씩이고 옥개 받침도 5단씩이어서 역시 전형 양식의 정형기 작품을 보이고 있는 석탑이라 하겠다.

둘째는 상층 기단의 탱주만이 2주에서 1주로 변하고 있는 석탑으로 앞서 말한 것 외에 전라남도 해남군 삼산면 구림리의 대흥사 응진전 앞 3층석탑(보물 제320호), 영광군 무량면 신천리 3층석탑(보물 제504호) 등이 있는데 이들은 아직 하층 기단에 2주의 탱주를 가지고 있다.

셋째는 9세기 후반에 들면서 규모가 위축되고 탱주도 상하층 기단이 똑같이 1주씩으로 간략화되었으며, 옥개 받침은 4단으로 줄어든 형식인데 앞서 말한 것 외에 경상북도 봉화군 춘양면 서동리의 동, 서 3층석탑(보물 제52호), 대구시 도학동의 동화사 비로암 3층석탑(보물 제247호), 동화사 금당암 동, 서 3층석탑(보물 제248호), 경산군 와촌면 강학리의 불굴사 3층석탑(보물 제429호) 등 상당히 많은 숫자의 유례를 보이고 있다.

넷째는 기단부의 구조가 2층 기단이라는 기본형을 벗어나 단층 기단으로 변화한 석탑을 말하는 것이니 앞서 살펴본 경주 남산의 용장사곡 3층석탑 외에 경상북도 문경군 산북면 내화리 3층석탑(보물 제51호), 문경군 가은면 원북리 봉암사 3층석탑(보물 제169호), 전라남도 구례군 마산면 황전리 화엄사 동 5층석탑(보물 제132호), 경상남도 밀양군 단양면 구천리 표충사 3층석탑(보물 제467호) 등이 있으며 이들의 양식과 각부 수법은 신라에서 그치지 않고 다음 왕조인 고려시대에까지 하나의 양식으로 계승되어 상당수의 유례를 남기고 있다.

특수형의 발생과 조형

통일신라 초기부터 말기에 이르기까지 신라식 석탑의 시원부터
전형의 정형기를 거쳐 변형되어 간 과정을 앞에서 고찰해 보았다.
이들은 모두가 일반형 석탑으로 방형의 평면을 갖추고 상하 2층
기단을 구성하여 그 위에 탑신을 받고 정상에 상륜부를 장식한 양식
이었다. 그러나 이같은 전형적인 양식을 기본으로 하는 석탑이 건립
되는 한편 이 시대에는 이들 기본 양식과 형태를 달리하는 '이형적
(異型的)인 석탑'의 출현을 보게 되었다.

즉 신라 성대인 8세기 중엽 이후에 이르러서는 전반적으로 건축
적 결구 의사가 단일된 조각적인 의사에로 농후하게 기울어져 가는
동시에 탑파 그 자체에 장식적인 의장이 강하게 나타남으로써 전대
에 볼 수 없었던 비건축적인 장식적 석탑의 유행을 보게 된다.

그런데 이 시기에 건조된 석탑의 이러한 동향은 비단 석탑뿐만
아니고 일반적인 신라 중대 후기 문화의 동향이기도 한 것이다.
즉 경덕왕대(742~764년)를 중심한 제반 경영의 장식적 의사를
생각해 볼 때 이러한 특색은 누구나 쉽게 이해할 수 있는 점이다.
그리하여 석탑에서 볼 수 있는 장식적 의장은 한갓 재래의 전형적
석탑 외부에 장식을 가하려는 의사에 그치지 않고 석탑 그 자체의
외양에까지 특별한 형태를 나타내려 한 것인즉, 여기서 비로소 전형
적 양식 외에 특수 양식의 발생을 보게 된다.

그 가장 좋은 예로서 경주 불국사 다보탑(국보 제20호)과 구례군
화엄사 4사자 3층석탑(국보 제35호), 월성군의 정혜사지 13층석탑
(국보 제40호) 등을 들 수 있다. 이들의 건조 연대가 모두 8세기
중엽으로 추정된다는 것에서 역시 통일 성대에 꽃피었던 장식적
의장이 석탑에까지 미치어 전형에서 이형(異型)을 탄생시킨 특이한
사정을 알 수 있을 것이다. 따라서 이후 시대가 떨어질수록 여러

가지 유형의 발생을 보게 되는 것이며 동시에 전형적인 석탑 그 자체에도 많은 변화를 보게 된 것이다. 그리하여 신라시대에 이루어 진 석탑의 전형 이후 각 시대 석탑의 기본 형식을 이루었던 것처럼 이 시대에 비롯된 특수 양식도 각 시대의 특수형 석탑의 근간을 이루게 되었던 것이다.

특수형 석탑이라 함은 앞에서도 말하였듯이 석탑의 건조 양식이 나 각 부재의 결구 방법이 전형적인 양식의 정형에서 벗어나 외관상 으로 특이한 형태를 보이는 석탑이다. 곧 방형 중층의 일반형 석탑 의 기본 형식을 갖추면서도 외관상으로는 특수한 가구를 가미하고 있는데, 이렇듯 특이한 형태의 석탑을 고찰함에 있어서 좀더 이해를 쉽게 하기 위하여 다음과 같이 몇 가지 형태로 나누어 검토하고자 한다.

첫째, 이형적인 석탑으로서 건조 방법이나 각 부재의 결구 양식이 전형적 양식에서 완전히 벗어나 외관상으로 특이한 형태를 보이는 것으로서 이 종류는 특수 양식 계열에서도 가장 대표적인 것이라 하겠다. 이러한 유형에 속하는 석탑은 대체로 8세기 중엽 이후에 나타난 것으로 다보탑과 화엄사 4사자 3층석탑, 원통전 앞 사자탑 (보물 제300호), 월성군 정혜사지 13층석탑 등을 꼽을 수 있겠다.

둘째, 장식적인 석탑으로 외형은 신라시대 양식의 전형인 방형 중층의 기본형을 갖추고 있으나 기단 및 탑신부의 각 면에 천인상과 안상(眼象), 팔부신중(八部神衆), 십이지신상, 사방불, 보살상, 인왕 상 등 여러 상을 조각하여 표면 장식이 화려하며 장중한 탑이다.

이러한 류에 속하는 석탑은 월성군 원원사지 동, 서 3층석탑을 비롯하여 구례군 화엄사 서 5층석탑(보물 제133호), 경주 남산리 서 3층석탑(보물 제124호), 전라북도 남원군 실상사 백장암 3층석 탑(국보 제10호), 강원도 양양군 강현면 둔전리 진전사지 3층석탑 (국보 제122호), 양양군 서면 황이리 미천곡의 선림원지 3층석탑

(보물 제444호), 경상북도 영천군 금호면 신월동 3층석탑(보물 제465호), 국립중앙박물관의 산청 범학리 3층석탑(국보 제105호), 전라남도 광양군 옥룡면 중흥산성 3층석탑(보물 제112호), 국립 경주박물관의 남산 승소곡 3층석탑 등을 들 수 있겠다.

셋째, 탑신부는 방형 중층의 전형을 보이고 있으나 기단부에서는 전혀 다른 형식을 취하고 있는 석탑을 들 수 있다. 즉 강원도 철원군 동송면 관우리 도피안사 3층석탑(보물 제223호)은 탑신부는 방형 평면이나 기단부에서는 8각형의 평면을 이루어 하층 기단 면석에 안상이 장식되고 상층 기단 상하 갑석에 앙복련(仰伏蓮)을 조식하여 마치 불상의 대좌와 같은 형태를 이루고 있어 주목을 끈다.

그리고 월성군 석굴암 3층석탑의 탑신부는 방형 중층으로 전형적인 일반형 석탑의 탑신을 이루고 있으나 기단부에서는 전혀 특이한 양식을 보여 주고 있다. 즉 상하 2층의 기단이나 그 평면은 면석과 갑석이 동일하지 않고 면석은 8각형으로서 각 모서리에 우주가 각출되었고 갑석은 원형을 이루고 있는데 이러한 형식은 곧 이웃 석굴암 본존 여래상의 대좌를 모방한 것이 아닌가도 생각된다.

넷째, 모전석으로 건조한 것은 아니나 외형으로 보아 모전석탑의 형태와 비슷하게 보이므로 이러한 석탑을 이른바 모전석탑류라 칭하기도 한다. 이같은 종류의 탑은 그 건조 재료가 석재이므로 분명히 석탑인 것이다. 그러나 그 형태는 전조탑(塼造塔)을 모방하고 있기 때문에 언뜻 보면 모전석탑이라고도 하겠으나 모전석으로 만든 것이 아니고 작은 석재를 다량으로 쌓아서 결구하였으므로 모전석탑류라는 별개의 유형으로 따로 검토하려는 것이다.

예를 들면 의성 탑리 5층석탑을 비롯하여 경상북도 선산군 죽장동 5층석탑(국보 제130호)과 경주의 서악리 3층석탑(보물 제65호), 경주 남산리 동 3층석탑(보물 제124호) 등은 이에 속하는 것으로서 처음 보면 모전석탑으로 알기 쉬우나 실제는 모전석이 아니고 작게 치석한 석재로 이루어져 있다.

다섯째, 청석탑류(靑石塔類)의 고찰인데 이것이 본격적으로 유행한 것은 고려시대로서 그 유례를 신라시대보다 더 많이 남기고 있다. 그러나 그 시발은 신라로 보아야 할 것인 바, 합천 해인사 원당암 다층석탑(보물 제518호)을 신라시대 건조물로 추정함과 동시에 가장 오래 된 청석탑으로 주목하게 되는 것이다.

이 청석탑은 건조 석재가 점판암이라는 특수한 용재이기 때문에 단일적인 화강암으로 만든 일반형 석탑과 구별하여 검토하게 되는 것이다. 이 석재는 그 자체가 크지 못하므로 모두가 작은 규모의 탑파뿐인데 돌의 질이 약하여서 각 부재가 파손 혹은 결손되어 완전한 형태로 남아 있는 것은 거의 없다. 또한 이 석탑에서의 기단부는 모두 화강암으로 형성되었고 탑신부 이상만이 점판암인데 이것도 석재의 부족함 때문이 아닌가 생각된다.

이상과 같이 신라시대에 나타난 특수형 석탑을 분류하였으나 그 중 가장 대표적인 것은 첫째로 꼽은 '이형적 석탑'이라 하겠으며, 그 중에서도 다보탑과 화엄사 4사자 3층석탑을 대표적인 이형탑이라 할 수 있겠다.

불국사 다보탑은 '다보불 상주증명의 보탑(多寶佛 常住證明 寶塔)'이라는 데서 유래된 탑명이다. 양식적인 면에서 볼 때 이 석탑의 구조는 완전히 규범에서 벗어난 참신하고 기발한 착상으로 이루어져서 전무후무한 걸작을 남기고 있다. 각부 조각 수법에 있어서도 마치 목조의 구조물을 보는 듯 아름다우며 복잡한 상하의 가구가 중심에 통일되어 하나도 산란함이 없는 것이 특징이며 인상적인 균정미(均整美)를 보이고 있다.

이렇게 다보탑에서만 볼 수 있는 특수 양식을 종합 정리해 보면 다음과 같다.

첫째로 평면 경영에서 전형 양식의 기본인 방형을 기본형으로 삼고 있는 바, 탑신부와 옥개석 등 각부를 8각 부재로 복잡하게 가구하였으나 상하 부분이 서로 균형된 비율과 조형미를 보이고 있다.

둘째로 기단부 사방에 보계(寶階)를 가설하였다.

셋째로 상층 기단에 방주를 세우고 목조 건축의 두공을 연상시키는 받침부를 시설하였다.

넷째로 갑석의 신부(身部)에 가구한 상하부의 난간과 죽절형(竹

節形) 석주 및 앙련대석(仰蓮臺石) 등은 마치 목조 구조를 방불케 하고 있다.

다섯째로 전부재의 치석과 결구 수법의 문제인데, 화강암을 이렇듯 목재 다루듯이 석재로서 수려하게 각 부재를 조성하여 촉감마저 온유한 조형미를 보이고 있음은 보는 사람으로 하여금 신비의 경지로 빠져들게 한다.

불국사 다보탑(왼쪽)
불국사 다보탑의 세부 구조(오른쪽)

또 하나 이 다보탑과 같은 시기에 건조된 특수형 석탑으로 다보탑
에 비할 만큼 우수한 작품으로 손꼽을 수 있는 것이 곧 화엄사 4
사자 3층석탑이다.

이 석탑은 상층 기단에 돌사자 4마리를 각 모서리에 배치하였기

때문에 생긴 사자탑명인데 신라시대 사자탑으로는 유일하며 그 작품이 뛰어나서 다보탑과 함께 한국 이형 석탑의 쌍벽을 이루고 있다. 이 석탑에서 볼 수 있는 특수 양식을 살펴보면 다음과 같다.

화엄사 4사자 3층석탑(왼쪽)
화엄사 4사자 3층석탑의 사자상과 승상(오른쪽)

첫째는 상층 기단의 구조에 있어서 판석으로 이루어진 면석을 조립한 것과는 달리 4마리의 원각한 사자를 배치함으로써 각 면의 양 우주와 탱주의 역할을 하도록 하였다. 이렇게 사자상을 일반형 석탑의 부재에 사용한 예는 이 석탑이 최초라 하겠으며 이후 이러한 용례는 고려시대에 이르러 여러 기가 있음을 볼 수 있는데 그 시원을 바로 이 석탑에 둘 수 있다.

사자를 불교적인 여러 조형 미술품에서 표면 장식과 주요 부분 구성에 이용하는 등 광범위하게 사용하고 있음을 볼 수 있으니 사자

는 불교에서 연화와 함께 상징적인 존재로 불상의 길상(吉相) 중에
도 '상신사자상(上身獅子像)' '사자협상(獅子頰相)' 등이 있고 문수보
살의 대좌로 사자좌를 사용한 것을 볼 수 있다.

이와 같이 불교와 사자와의 관련을 밀접시키는 뜻은 사자가 백수
의 왕이라는 관념에서 여래의 위치에 비유한 데에 기인한 것으로
생각된다. 그리하여 불신(佛身) 조성에 사자의 용맹한 기상을 적용
시켜 소위 왕자의 기풍을 지닌 사자의 위엄을 표현하고자 이용하였
던 것이다.

둘째는 하층 기단 면석의 각 면에 여러 종류의 천인상을 각양각태
로 조각하고 초층 탑신에도 각 면에 문비를 모각한 좌우에 인왕상,
사천왕상, 보살상을 양각하여 장엄을 다하였다. 이러한 여러 조각은
신라시대 일반형 석탑의 정형에서는 볼 수 없는 이후 전형에서 장식
적으로 변한 특수형 석탑에만 나타나고 있는 것으로 고려시대에까
지 계승되어 오늘날 많은 유례를 보이고 있다.

고려시대

시대 개관

고려시대라 함은 송악(松岳;지금의 개성) 지방의 호족 출신인 왕건이 송악을 도읍으로 정하고 나라를 세운 918년부터 이후 474년간 누리다가 1392년 조선시대로 넘어갈 때까지의 시기를 말한다.

고려 태조 왕건은 신라와의 우호 관계를 맺는 정책을 썼기 때문에 신라 경순왕의 자진 항복을 받아 힘들이지 않고 영토와 국민을 차지할 수 있었다. 한편 후백제도 견훤 일가의 내분으로 토멸이 쉽게 이루어져 드디어는 후백제의 큰 세력도 어렵지 않게 넘어뜨릴 수 있었던 것이다.

태조는 신라에 대하여 융화 정책을 써서 경순왕에게 정승이라는 최고의 지위를 주었으며 다른 한편으로는 결혼 정책을 써서 더욱 유대를 굳게 하고 경주를 식읍으로 주기도 했다. 그뿐만 아니라 경순왕을 따라온 신라의 귀족들에게도 한결같이 우대해 주었다.

이러한 태조의 정책은 신라 전통을 이어받게 되어 제도상으로나 문화적으로 '신라의 것'을 본받게 되었던 것이다. 이러한 관계에서 고려가 신라의 불교를 계승하여 국교로 삼았으며 이에 따라 불교 미술이 성행했던 것은 당연한 일이었다. 즉 신라시대와 같이 고려시대에 이르러서도 석탑은 불교의 가장 중심적인 예배 대상이었다. 따라서 석탑은 그 수에서나 조형미에 있어서 당시 불교적인 조형 미술의 중심을 이루는 것이었다.

불교의 교세는 고려시대에 와서 절정에 이르렀으며 그에 따라 불교적인 조영이 거의 전시대를 통해서 국가적으로 혹은 개인적으로 활발하게 진행되었다. 이러한 불교 조영의 성황 속에 그 중심을 이루는 석탑 또한 다수 건립되어 오늘날 많은 석탑의 유례를 볼 수 있다.

그런데 이러한 고려시대의 석탑에 관하여 살펴보면 우선 그 석탑 건립이 전대에 비하여 전국적으로 확산 분포되었다는 점을 지적할 수 있다. 즉 신라는 삼국 통일과 더불어 거의 고려와 비슷한 영역을 지배하였지만, 현재 남아 있는 신라시대 석탑은 지역적으로 볼 때 대체로 도읍지였던 경주 부근에 밀집되어 있으며 이 밖의 지역이라 해도 대략 고신라시대의 영역인 영남 지역에 편재한 경향을 보이고 있다.

그리고 고구려나 백제의 옛 땅에도 약간의 유례가 있으나 소수에 불과하다. 그러나 고려의 경우 수효로는 도읍지인 개경 부근이 우세한 면이 없지 않으나 그래도 건탑 상황은 전국적으로 나타나고 있음을 볼 수 있다. 물론 이러한 분포상의 변화는 시대의 변화에 따른 것으로 일반적인 추세는 한마디로 왕실 불교적 입장에서 출발한 한국의 불교가 수백 년을 지나면서 보다 보편화된 결과라고 하겠다. 그러나 좀더 고려의 상황에 결부시켜 본다면 우선 다음과 같은 점들을 생각해 볼 수 있다.

즉 고려의 석탑 건립에서 먼저 생각할 수 있는 것은 국가적인 조영이라 하겠다. 고려시대도 역시 불교가 국가 종교, 왕실불교로서 번영하였음은 물론, 신라로부터 이어지는 호국불교의 성격은 국초부터 많은 국가 사원의 창건을 초래하게 되었다. 그러한 국가적 조영의 경우, 수도인 개경이 훨씬 우세함을 짐작할 수 있는 것으로 개경의 법왕사, 왕륜사, 자운사, 내제석사, 사나사, 천선사, 신흥사, 문수사, 원통사, 지장사 등 10대 사찰의 건립을 들 수 있다.

또한 도성 안에 70구(區)의 불사가 있었다는 기록 등은 다분히 불교국을 연상케 하며 곧 고려의 불사 건립 정도와 아울러 개경이 숫자적으로 우세함을 말하는 것이라 하겠다.

태조 왕건의 훈요십조에도 반영되고 있듯이 새로이 나타나는 도참사상의 영향은 이러한 국가적인 조영 역시 전국적인 형태로 이루어진 일면을 나타내게 하였다. 대체로 개경의 7층석탑의 건립과 연관되는 것으로 믿어지는 고구려의 옛 서울인 서경의 9층탑의 건립, 신라의 옛 서울인 경주 황룡사 9층목탑의 중수, 백제 옛 서울 부근의 거대한 익산 왕궁리 5층석탑의 유례 그리고 후백제군을 격파한 곳에 천호산(天護山) 개태사(開泰寺)를 세운 것 등은 모두 그러한 면을 전해 주는 것이라 하겠다.

그런데 고려시대의 석탑에서 좀더 주목을 끄는 것은 순수한 지방 세력 내지는 많은 사람들이 대거 참여한 사실이다. 대략 경상북도 예천군 읍내에 소재한 개심사지 5층석탑의 명문, 서울 경복궁에 옮겨 놓은 정도사지 5층석탑 안에서 발견된 '조성형지기(造成形止記)' 등에서 알 수 있듯이 고려 석탑이 전국적으로 분포하는 사실의 보다 근본적인 이유는 그 지방민의 발원에서 찾을 수 있을 것이다.

일반형 석탑

앞서 살펴본 바와 같이 고려 석탑의 전국적인 분포나 그 건탑에서 토착 세력의 참여는 바로 고려 석탑의 양식상에 다양한 변화를 가져올 수 있는 가능성을 짐작하게 한다. 즉 신라의 왕도 중심의 일률적인 건탑 양식에서 벗어나 고려에 들어와서는 각 지방의 토착 세력이 건탑에 관여함으로써 과거의 일률적인 규범보다는 제나름의 특징이 반영되어 다양한 건탑 양상을 보게 되었다.

그리하여 신라시대의 전통성과 함께 지방적 특색이 가미되어 그야말로 다양한 조형을 이루었으니 이같은 지방적 특색이란 신라에서는 그리 두드러지지 못하였던 것으로 중앙에서 지방으로 석탑이 보급되면서도 그다지 큰 차별상을 나타내지는 못하였었다.

신라의 옛 땅인 경상도 지방을 중심으로는 어느 정도 신라 석탑을 충실하게 계승하면서 세부에 변형을 보이고 있다. 예를 들어 예천읍 내의 개심사지 5층석탑(보물 제53호. 제8대 현종 원년, 1010)은 연화문이 조식된 판석 1매를 끼워 탑신 괴임대를 삼고 있으며 칠곡군 약목면 복성동 사지에서 1924년에 서울 경복궁으로 옮겨 세운 정도사지 5층석탑(보물 제357호. 현종 22년,1031)은 하층 기단 면석 각 면에 3구씩의 안상이 있고 그 내면에 지선(地線)으로부터 귀꽃문이 조식되어 있어 주목을 끈다.

이 밖에 개성을 중심한 지역에서 남계원 7층석탑(국보 제100호. 1915년에 경복궁으로 옮겨 감), 현화사 7층석탑, 홍국사 석탑 등과 같이 일반형 방형 중층탑이 고려 석탑으로서의 특징을 지니면서 유행하였다. 기타 다른 지역에서도 경기도의 광주군 서부면 춘궁리의 5층석탑(보물 제12호)과 3층석탑(보물 제13호), 안성군 이죽면 죽산리 5층석탑(보물 제435호), 전라북도 김제군 금산사 5층석탑(보물 제25호), 충청남도 천원군 성거면 천흥사지 5층석탑(보물 제354호), 경상북도 상주군 화북면 상오리 7층석탑(보물 제683호) 등 상당한 수의 일반형 석탑이 건립되었는데 모두 신라 양식을 계승하고 있다.

그러나 옥개석의 낙수면이 급경사를 이루고 추녀가 직선에서 곡선으로 변하였거나 단층 기단이 많아진 것이라든가 또는 상층 기단 갑석의 부연이 형식화되거나 생략되어 있는 것 등 부분적으로 간략화되고 둔중해진 고려 석탑 특유의 작풍을 보이는 것도 있다. 최근에 알려진 전라남도 영암군 읍내의 성풍사지 5층석탑(고려 제7대 목종 12년, 1009)은 건립 연대가 확실한 석탑으로 그 좋은 예라 하겠다.

신라시대의 석탑은 다보탑이나 4사자 3층석탑 등 예외로 몇몇의 특수한 이형 석탑은 있어도 대체로 전형의 정형인 방형 중층탑 양식이 대부분이다. 시대가 떨어지면서 사원의 영역이 좁아짐에 따라 주위 환경과의 조화가 고려되면서 석탑도 규모가 작아지는 감이 있다. 그리고 세부적인 장엄 장식이 공예적 기교를 통해 화려하게 발전하는 경향이 있어도 신라 전시대를 통하여 그 근본 형태의 변혁은 별로 보이지 않는다. 또한 그러한 형식상의 주류는 고려의 창업기까지 이어 가고 있는 것이다. 그러나 고려 사회의 새로운 성격이 두드러지게 나타나기 시작하는 11세기부터는 전대에 비하여 양식상으로 현저한 변화를 보이고 있으니 그러한 고려 석탑의 새로운 양상은 대략 다음과 같이 정리해 볼 수 있겠다.

고려시대의 석탑은 지방적인 특색을 현저하게 나타내고 있다는 점이다. 즉 신라시대에 있어서는 석탑에서 지방적 특색을 별로 찾아볼 수 없었던 것이다. 설혹 신라의 중심이었던 경주를 벗어난 지방에 석탑이 건립되었다 하더라도 중앙의 양식과 그다지 다른 점을 보이지는 않았다. 그러나 고려시대에 이르러서는 각 지방에 따라 각기 특색 있는 양식을 보이고 있음을 남아 있는 유례에서 살필 수 있다.

예컨대 신라의 옛 땅인 경상도 지방에서는 신라시대의 양식을
충실하게 본받고 있으나 백제의 옛 땅인 충청남도와 전라북도 지역
에서는 백제시대의 양식을 따르고 있는 경우가 많다. 즉 전라북도
익산군의 미륵사지 석탑, 충청남도 부여읍의 정림사지 5층석탑이
백제시대에 만들어진 석탑인데 이곳 전라북도나 충청남도 지방에서
는 고려시대에 이르러 탑을 세움에 있어서도 이러한 전대(前代)인
백제 탑계의 양식을 따라 만들어진 고려 석탑이 곳곳에 세워졌던
것이니 몇 기의 예를 들면 다음과 같다.

충청남도 지방의,
부여군 무량사 5층석탑(보물 제185호)
부여군 장하리 3층석탑(보물 제184호)
서천군 비인 5층석탑(보물 제224호)
공주군 계룡산 남매탑 등이고
전라북도 지방에 있어서는,
익산군 왕궁리 5층석탑(보물 제44호)
정읍군 은선리 3층석탑(보물 제169호)
김제군 귀신사 3층석탑
옥구군 죽산리 3층석탑 등이다.

이 밖에도 몇 기가 있으나 완형이 아니므로 위의 8기만을 살필
것인 바, 이들은 특히 옥개석이 모두 판석형이고 대개의 경우 받침
석이 별개의 돌로 만들어져 목조 가구의 일면을 보이고 있으며 익산
군의 백제 미륵사지 석탑과 부여 정림사지 5층석탑의 각부를 모방
하고 있어 백제계의 고려 석탑이란 용어를 사용하게 된 것이다.

이와 같이 백제 옛 땅에서만 볼 수 있는 백제계의 고려 석탑 건립

현상은 물론 고려의 불교가 신라시대에 비해서 보다 보편화되고, 불사 건축과 그 미술이 신라와는 달리 지방에까지 파급되고 한층 토착화되어 각기 그들 나름대로의 특색이 나타나게 된 결과라고 할 수 있겠다.

특수형 석탑

고려 석탑에는 전대에 볼 수 없었던 각양각색의 새로운 특수 형식의 석탑이 나타나고 있다. 여기서 특수한 형식이란 대략 방형 중층의 일반형 석탑의 양식에서 벗어나 전체 혹은 부분적으로 특수한 형식이 가미된 것을 말한다. 이러한 예는 다보탑이나 4사자 3층석탑과 같이 이미 신라시대부터 나타나고 있었다.

그리고 고려시대에 이르러서도 4사자 석탑의 양식을 계승한 충청북도 제원군 한수면 송계리의 사자 빈신사지 석탑(보물 제94호. 현종 13년, 1022)이나 강원도 홍천군 홍천읍내에 옮겨 세운 괘석리 4사자 3층석탑(보물 제540호)의 유례에서 볼 수 있듯이 신라시대 이형 석탑의 양식을 계승하는 면이 있다. 그러나 이러한 신라적인 이형 석탑의 예는 사실상 극히 한정되고 대개는 개별적인 것에 그쳤으나 고려시대 양식은 새로운 유형을 이루는 데까지 진전되고 있음을 볼 수 있다.

그리하여 고려기에 이르러 보이는 특수한 양식으로서 전체적인 변화를 보이는 것은 다음에 열거하는 석탑에서와 같이 방형의 범주를 벗어나 다각형으로 그리고 다층으로 변하고 있는 형태이다. 그런데 이러한 석탑에서 대체로 8각형의 석탑은 그 나름대로 하나의 유형으로도 볼 수 있다. 그에 비해 6각형인 평안남도 대동군의 원광사지 6각 7층석탑이나 전라북도 김제군 금산면 금산리의 금산사

6각 다층석탑(보물 제27호)은 좀더 특이한 형이라 하겠는데 이렇듯 방형의 기본형을 벗어나 평면이 다각으로 변한 석탑의 유례를 몇 가지 들어 보면 다음과 같다.

　강원도 평창군의 월정사 8각 9층석탑(국보 제48호)
　금산사 6각 다층석탑
　평양시의 영명사 8각 5층석탑
　평안남도 대동군의 광법사 8각 5층석탑
　평안북도 영변군의 보현사 8각 13층석탑
　평안남도 대동군의 율리사지 8각 5층석탑(현재 일본 동경의 大倉美術館에 옮겨져 있음)
　평안남도 대동군의 원광사지 6각 7층석탑(일명 間似亭 6각 7층석탑, 혹은 평양역 앞 석탑)

　이상 몇 기의 다각형 석탑에서 우선 월정사 8각 9층석탑을 대표작으로 살펴보면 석탑의 구성은 일반형 석탑과 같이 기단부 위에 탑신과 상륜부를 구성한 형식이나 그 평면은 전체가 8각형을 이루고 있어 특이한 양식임을 알 수 있다. 묘향산의 보현사 8각 13층석탑은 3단의 높직한 기대석을 중첩하고 그 위에 단층 기단을 설치하여 13층의 탑신을 구성하였으며 정상에 상륜을 장식하여 고려 석탑으로서는 가장 층 수가 많으면서도 완형을 보이는 석탑의 하나인데 이것 또한 전체의 평면이 8각형이다.
　이와 같이 고려시대에 이르러 종래의 방형 평면이 6각 혹은 8각으로 변하여 신라시대의 범주를 벗어난 대표적인 석탑 몇 기를 살펴보았다. 그런데 이들과 같이 6각, 8각도 아닌 원형의 평면을 보이는 석탑이 있으니 전라남도 화순군 도암면 다탑봉(多塔峰)의 많은 석탑 중에서 원형 다층석탑과 원구형 석탑은 그 좋은 예라 하겠다.

이곳 다탑봉에는 운주사가 있고 이 절의 남쪽 낮은 계곡을 따라 곳곳에 크고 작은 각종의 석탑과 불상이 배치되어 있어 이른바 천불 천탑이라 일컫고 있다. 이것은 고려 초기에 도선국사가 하룻밤 사이에 천불 천탑을 세웠다는 전설에 의한 이름인 것이다. 이곳에는 양식이 다른 석탑이 산재하여 일반형 석탑 이외에 모전석탑, 이형석탑 등 10여 기의 석탑이 서 있는데 이와 같이 많은 석탑을 집중적으로 건립한 것은 다른 곳에서는 유례를 찾을 수 없는 현상이다. 아마도 신라시대에 볼 수 없었던 조탑(造塔) 신앙이 고려시대에 이르러 이곳에서 실례를 보는 것이 아닌가 생각된다.

특히 고려시대에 이르러 특징적인 것의 하나인 풍수설의 유행으로 산 속으로 불사나 건탑을 유치한 실례와 지방 세력의 건탑 사실 등을 이곳에서 찾을 수 있는 것이 아닌가 하여 이곳의 유적은 크게 주목해야 될 것으로 생각한다. 또한 조형적인 면에서 이 원형탑 2기는 전대의 방형과는 전혀 다른 원형의 평면을 이루고 있어 이 시대에 나타난 각양각색의 새로운 특수 형식의 하나로 주목되는 것이다.

이와 같이 6각, 8각, 원형으로 변한 석탑들을 열거하였는데 이 가운데서 특히 금산사 6각 다층석탑은 형태가 6각이어서 특이할 뿐만 아니라 그 건탑 석재도 특수하다. 이 석탑처럼 고려시대에는 청석으로 조성하였기 때문에 재료상의 문제에서 빚어지는 또 하나의 특수성을 지니는 '청석탑'의 유형이 유행했음을 유례를 통하여 알 수 있겠다.

이 청석탑의 유형은 대략 재료의 특수성에서 가능하였다고 믿어진다. 곧 얇은 층위를 많이 쌓았고 세부에 섬세한 선각을 곁들이기도 한 공예적인 기교가 엿보이는 것으로 신라시대 말기의 소작으로 추정되는 경상남도 합천군의 해인사 원당암 다층석탑(보물 제518호)에서 그 선례가 보이고 있다. 그러나 본격적인 청석탑의 건립은 고려시대의 일로서 그 유례는 다음과 같이 여러 기가 보고되고 있다.

강원도 영월군 무릉리 다층석탑
대구직할시 팔공산 동화사 염불암 다층석탑
경상남도 창녕군 법화암 다층석탑
경상북도 의성군 대곡리 청석탑
충청남도 아산군 신심사 다층석탑
충청북도 보은군 법주사 여적암 다층석탑
강원도 원성군 보문사 청석탑
충청북도 충주시 창룡사 다층석탑

그런데 이러한 류의 석탑은 석재 그 자체가 크지 못하므로 모두가 작은 규모인데 석질 또한 약하여서 각 부재가 파손 혹은 결손되어 완형은 거의 없다. 그리고 이들 청석탑의 기단부는 모두 화강암으로 형성되고 탑신부 이상만이 점판암인데 이것도 아마 석재의 부족 때문이며 또한 견고한 기단 구축을 위하여서가 아닌가 생각된다.

한편 고려시대에 이르면서 나타난 또 하나의 특징은 탑의 전체적인 변형을 가지고 오지는 않았으나 부분적인 면에서 새로운 변화를 보이고 있는 것이 있으니 이를테면 석탑의 탑신부에 연화석 등으로 괴임대를 마련하거나 기단 갑석 그 자체가 연화 대좌로 이루어지고 또는 각 층에 괴임석을 끼워 마치 공예탑과도 같은 인상을 주는 것이다. 그 대표적인 유례를 보면 이들 괴임대는 그 형태로 보아 석탑을 웅장하게 보이고자 하는 것보다는 공예적인 특수성을 보이고자 한 듯하다.

기단부도 연화대로 이루어져서 마치 불대좌(佛臺座)와도 같은 작품을 보이는 것은 앞의 6각, 8각 등의 변형 석탑에서 논한 바 있으며 이들 연화 기단부도 일종의 공예탑적인 일면을 보이고 있는 것이라 하겠다. 이러한 다각의 연화 기단부는 신라 하대에 건립된 강원도 철원의 도피안사 3층석탑(보물 제223호)에서 볼 수 있으니 이것 또한 주목해야 될 것으로 생각한다. 이같은 8각 원당형의 기단부는 앞에서 살펴본 월정사 8각 9층석탑, 영명사 8각 5층석탑, 율리사지 8각 5층석탑, 보현사 8각 13층석탑 등에서 볼 수 있다.

더구나 이들 지역이 모두 도피안사 3층석탑이 서 있는 철원과 가깝다는 데서 지방적인 특성을 또한 살필 수 있다. 그리하여 그 연원은 철원에서 또다시 상대로 올라간 고구려에까지 살펴볼 수 있는 것이 아닌가 생각된다. 즉 고구려 절터인 평양의 청암리 사지와 대동군의 상오리 사지에서 평면 8각의 탑지가 이미 확인된 바 있어 더욱 그렇게 느껴진다.

이제 열거하려는 괴임대를 끼워 넣은 공예탑들도 일견하여 강원도의 한 지역에 치우쳐 건립된 느낌을 주고 있어 이 또한 이 시대 특성의 하나인 지역성을 고려하지 않을 수 없는 것이다. 이 몇 기를 보면 다음과 같다.

개심사지 5층석탑(보물 제53호. 현종 원년, 1010)
강원도 춘천시의 춘천 7층석탑(보물 제77호)
전라남도 구례군 논곡리 3층석탑(보물 제509호)
강원도 횡성군 압곡리 3층석탑
경기도 개성시 흥국사지 석탑(현종 12년, 1021)
평안북도 영변군 보현사 9층석탑(정종 10년, 1044)
서울 경복궁 홍제동 5층석탑(보물 제166호. 정종 11년, 1045)
강원도 강릉시 신복사지 3층석탑(보물 제87호)

이 가운데서 홍제동 5층석탑과 신복사지 3층석탑에서는 탑신부에까지도 높직한 괴임돌을 1단씩 끼워 놓아 조형상 특이하고도 흥미로운 양식을 보이고 있다.

끝으로 고려시대 말기의 건립으로 새로운 형식의 석탑인 경천사 10층석탑(국보 제86호. 제29대 충목왕 4년, 1348)을 말하지 않을 수 없다. 이 석탑은 초층 탑신 이맛돌에 새겨져 있는 '지정 8년 무자 (至正八年戊子)'라는 명문에 의하여 정확한 건립 연대를 알 수 있다. 즉 이 석탑은 당시의 추세로 말미암은 중국 원나라 시대의 라마적(喇嘛的)인 영향에 의한 소작이라 하겠으나 당시 고려의 불교 미술을 대표할 수도 있는 것으로 그 재료 및 건조 양식과 각부의 기교에서 보다 독창적인 면을 보이고 있다.

이 석탑의 원위치는 경기도 개풍군 광덕면 중연리 경천사지였으나 일제 침략기에 일본인들이 본국으로 불법 반출하였다가 그 후 한국으로 다시 반환되어 현재는 서울 경복궁내에 세워졌는데 이러한 연유로 인하여 지대석은 결손되고 없다.

이 석탑은 전부재가 회색의 대리석으로 그 구성은 기단부 위에 탑신과 상륜부가 건조되었는데 각부는 평면과 부재의 구조 등에서 특수한 양식과 수법을 보이고 있다.

기단부는 2층으로 이루어졌고 그 평면은 4면 두출성형(斗出星形)의 아자형(亞字形)을 취하고 있다. 각 층의 면석에는 각기 불·보살, 인물, 초화(草花), 반룡(蟠龍) 등을 양각하였으며 각 모서리에는 절목 원주형(節目 圓柱形)을 모각하였다. 탑신부는 10층으로 이루어졌는데 초층과 2,3층은 기단과 같이 4면 두출성형의 아자형 평면을 이루었고 그 위의 4층부터는 방형이다.

각 층 탑신 위에 옥개석을 놓았는데 탑신석의 각 모서리에는 원주형을 모각하고 각 층, 각 면에는 십이회상(十二會相)을 조각하여 불·보살, 천부(天部), 기타 여러 가지 상을 빈틈 없이 조각하였다. 상륜부는 단조로운 형식으로 구성되었는데 원형의 평면으로 노반과 연구문형(連球紋形)의 복발과 앙련으로 된 앙화(仰花)가 있고 그 위에 보탑형(寶塔形)과 보주가 있다. 그런데 이들 상륜의 각 부재는 그 형태가 우리나라 탑의 상륜 형식과는 달리 오히려 원나라 때의 라마적 수법을 엿볼 수 있어 주목된다.

이 석탑은 목조 건축물의 각부를 모각하고 또 각부에 불·보살상을 빈틈 없이 배치하여 그야말로 건축과 조각의 양면을 다 같이 구비하고 있는 특이한 석탑이라 하겠다. 이러한 양식은 조선초에 건립된 원각사지 10층석탑으로 이어지고 있어 역시 토착화된 증거를 보이고 있다.

조선시대

시대 개관

조선시대라 함은 고려말의 무관 이성계가 고려왕조를 넘어뜨리고 왕위에 올라 조선왕조를 창업한 1392년부터 일본이 강점한 1910년까지의 약 520년간을 말한다.

태조 이성계는 새 왕조를 이룩하면서 도읍을 개경에서 한양으로 옮겼다. 새로운 왕조의 건설과 함께 구세력으로부터 탈피하려는 의도를 엿볼 수 있다. 즉 고려 말기, 불교의 쇠퇴와 승려들의 부패 등으로 말미암은 많은 폐단은 새로운 지배 계급에 의하여 숙청의 표적이 되었다. 더구나 새로운 교화 이념으로서 '유교'가 숭상됨에 따라 신라와 고려를 통하여 천여 년간 국교적 위치에서 전국민의 정신을 지배하고 있던 불교는 유교로 바뀌게 되었던 것이다. 따라서 이와 같은 중대한 변화는 곧 당시의 조형 미술에 크게 영향을 미쳤으니 자연히 불교 조형 미술의 위축을 초래하게 되었다.

그러나 조선 초기 불교 미술은 고려시대의 여세와 태조, 세조 등의 불교에의 귀의, 혹은 보호에 의하여 몇 가지 우수한 작품이 이루어지기도 하였다.

한편 조선 14대 선조대에 일어난 임진왜란을 중심하여 정치적으로나 문화적으로 전기, 후기로 크게 나누고 있으니 이러한 시대구분은 곧 미술사에도 적용되는 것이다. 조선 전기인 임진왜란 이전에는 곧 고려시대의 여운을 볼 수 있는 시기였다. 모든 조형물에 고려의 조성 양식과 수법을 다소나마 간직한 작품이 출현할 수 있었던 여건을 갖추었던 때로서 오늘날 실제로 그 유례를 상당수 남기고 있다.

임진왜란 이후인 조선 후기에는 고려의 여세란 전혀 찾아볼 수 없다. 전란 때문에 오랜 전통이 대부분 단절되고, 설혹 다소 전통이 이어졌다 하더라도 어느 일부에는 변형을 일으키고 있어 조형 미술이 점차 소멸되는 상태였다. 그리하여 이 시기에는 그 조형 양식을 기존 유품에서 본받을 수밖에 없었던 것이다. 설사 그대로의 양식 수법을 본받았다 하더라도 조성상 기교의 감퇴와 조형을 위한 정신적인 내용의 결핍은 당시의 여건으로 보아 당연한 일로 알아야 할 것이다.

일반형 석탑

이상과 같은 추세에서 석탑의 건립도 자연히 단절 상태에 놓이게 되었음은 당연한 일이었다. 그러나 고려말의 여세로 몇 기의 탑을 남긴 초기의 방형 중층의 일반형 석탑을 들면 다음과 같다.

강원도 양양군 낙산사 7층석탑(보물 제489호. 제7대 세조대 건립)

경기도 여주군 신륵사 다층석탑(보물 제225호. 제9대 성종 3년,

낙산사 7층석탑(왼쪽)
신륵사 다층석탑(오른쪽 위)
신륵사 다층석탑 기단부의 특징
(오른쪽 아래)

1472년 건립)

　경상남도 함양군 벽송사 3층석탑(보물 제474호. 제11대 중종 15년, 1520년 건립)

　경기도 의정부시 회룡사 5층석탑

　경기도 가평군 현등사 3층석탑

벽송사 3층석탑

이들 가운데서 방형 중층의 신라 석탑의 기본 양식을 충실히 계승하고 있는 것은 벽송사 3층석탑이다. 이것은 2층 기단 위에 3층의 탑신을 건립하고 정상에 상륜부를 장식하고 있어 신라식 일반형의 전형을 따르고 있음을 곧 알 수 있다.

　즉 전체의 평면이 방형으로서 상하층 기단에는 양 우주가 모각되고 하층 기단 면석에 1탱주가 각출되었으며 상층 갑석에는 부연이 정연하다. 탑신부는 옥개석과 탑신석이 각기 1석씩으로 각 층 탑신에는 양 우주가 모각되었다. 옥개석은 받침이 4단, 3단(3층 옥개석)이고 전각의 반전도 경쾌한 편이다. 상륜부는 노반, 복발 위에 보주가 놓여 있다. 전체적으로 보아 각 층의 체감 비율도 착실하며 석재의 결구 수법도 정돈되어 있다.

　기단의 상층 면석에 탱주가 생략되고 탑신부에는 옥개 받침이 상층으로 올라가면서 줄어들어 기본 형식에서 벗어난 인상을 주는 점은 전체의 조형이 무기력해진 점 등과 아울러 약화된 시대의 현상을 잘 나타내고 있는 바라 하겠다.

　다음으로 낙산사 7층석탑을 볼 때 이 석탑의 구조는 일반형 석탑과 같이 평면이 방형으로서 기단석 위에 탑신이 놓이고 그 위에 상륜부가 마련되어 있다. 그러나 이 석탑은 순수한 일반형 석탑과는 달리 기단부에 연화문이 조식되고 탑신부의 각 층에 탑신 괴임석이 끼워져 있어 특이한 가구가 주목된다. 그리고 노반석 위에 청동으로 만들어진 상륜이 장식되었는데 원형의 복발과 앙화, 원추형의 보륜부 등 그 형태가 원나라의 라마탑을 연상시키고 있어 또한 주의를 끈다.

　신륵사 다층석탑은 흰색의 대리석으로 건조한 방형 석탑인데 2층의 기단부를 구성하고 그 위에 여러 층으로 중적한 탑신부를 받고 있다. 이런 양식은 신라나 고려시대의 일반형 석탑의 기본 양식을 따르고 있음을 곧 알 수 있으나 각 부재의 세부 조형은 전혀 감각을 달리하는 석탑이다.

즉 기단부의 지대석 상면에 연화문을 장식하여 화사한 지대를 이루고 있는데 대개의 경우 기단석에 연판을 조각한 예는 많으나 이렇듯 지대석에 조식한 것은 아직 그 유례를 보지 못하고 있다. 그리고 기단 면석의 각 우주를 화문으로 모각한 것이라든가 특히 상층 기단 갑석을 하층 기단 갑석의 하반부 형태로 조성하여서, 둔중한 느낌을 다소라도 감소시키고 있는 것은 주목된다.

또한 갑석 상면에 복판(伏瓣)의 연화문을 조식한 유례는 흔히 볼 수 있으나 하면에까지 연판을 장식한 것은 드문 일이다. 상하 면석에는 운룡(雲龍)과 파상문(波狀紋)을 조식하였는데 이것은 비록 그 조각 내용이 다르기는 하나 신라와 고려시대 석탑의 기단부에서도 각종의 조각이 있음을 본다. 그런데 고려시대에서는 팔부신중이나 비천, 혹은 안상내의 사자상 등 모두 불교 조각이었으나 이곳 신륵사의 석탑에서는 용과 운문 그리고 파상문으로 변하고 있다.

이러한 문양은 전대의 일반형 석탑에는 전혀 없었는데 조선시대 석탑에서 나타나고 있음은 또한 주목되는 의장으로 시대적인 문제와도 아울러 고찰되어야 할 것이다. 이 석탑은 전체적으로 보아 전대인 고려시대의 조형에서 벗어나려는 새로운 양식을 보이고 있으나 그래도 부분적으로는 고려의 양식을 남기고 있어 옥개석 전각의 반전이나 기단부의 연판 배열이 귀퉁이로 향하면서 사형(斜形)을 이루고 있다.

회룡사 5층석탑은 기단부에서 여러 구의 세장(細長)한 안상과 연화문을 조각한 표면을 볼 수 있는데 이러한 장식 의장은 조선시대 전반기의 장식 문양을 표현하고 있는 것이나 방형의 기단 형성에서는 선대의 여운을 엿볼 수 있다. 탑신부에서는 탑신석 주변을 세장한 탱주로 구획한 점이라든가 옥개석 3단의 받침이 뚜렷한 각형

(角形)을 이루고 특히 상면에 탑신 괴임대가 모각되어 있음은 역시 선대의 여운임을 느끼게 한다.

그러나 기단부의 연화대석과 면석이 동일석인 점, 탑신부에서 탑신과 옥개석이 동일석인 점 등은 역시 조선시대에 이르러 잘 나타나는 일면이라 하겠다. 회룡사의 창건은 선대로 올라갈 것이나 이 석탑 자체의 양식이나 사적기에 의하면 조선 전기에 건립된 석탑으로 추정된다.

회룡사 5층석탑

현등사 3층석탑은 기단부 구성에 있어서 조선시대에 나타나는 표면 장식과 석재의 치석 형식을 보이고 있어 건립 시기를 조선시대 전기로 추정케 하는데, 특히 상층 기단 갑석에 있어서는 탑신부의 옥개석 형태를 보이고 있어 주목된다. 갑석 상면에 연화문을 장식하고 탑신부를 받고 있는 것은 고려시대의 석탑에서 흔히 볼 수 있으므로 이 석탑이 선대의 여운을 지니고 있음을 알 수 있다. 탑신부도 역시 고려시대의 양식을 본받고 있는데 이것은 경내에 고려시대 석탑 1기의 부재가 있음으로 보아 바로 이 선대작을 모범으로 한 것이 아닌가 생각된다.

　　이와 같이 선대의 여운을 보이고 있는 조선 전기의 일반형 석탑들

을 살펴보았다. 그런데 임진왜란 이후 곧 조선 후기에 건립된 석탑 중 그 건립 연대가 확실한 충청북도 청주시의 보살사 5층석탑(제 19대 숙종 29년, 1703)이 있어 이를 고찰함으로써 후기 양식의 일면 을 알 수 있지 않을까 한다.

이 석탑은 여러 개의 장대석으로 짜여진 지대석 위에 기단부를 구축하였으며 그 위에 5층 탑신부를 형성하고 정상에 상륜을 장식 한 방형 중층의 일반형 석탑이다. 기단부는 층단을 이루지 않고 지대석 위에 1석으로 조성한 3단의 높직한 괴임대가 있으며 그 위에 연화대석을 놓고 탑신부를 받도록 하였다. 탑신부는 탑신석과 옥개석을 각 1석씩으로 조성하였는데 초층 탑신에는 각 면에 범

현등사 3층석탑(왼쪽)
보살사 5층석탑(위 왼쪽)
보살사 5층석탑 탑신과 기단부(위 오른쪽)

(梵)자를 음각하였고 2층 탑신에도 각 면에 범자 1자씩을 새겨 놓았다. 동쪽 면에 '강희(康熙)' '계미(癸未)'의 명문이 있어 이 탑의 건립연대를 알 수 있는 바, 이렇듯 탑신석에 명문이 있는 예는 선대에서는 찾아볼 수 없다.

각 층의 탑신에는 우주가 없고 옥개석은 모두 투박한데 하면의 옥개 받침들이 너무 낮아 더욱 둔하게 느껴진다. 전각이 두껍고 낙수면이 급경사이며 네 귀퉁이의 전각에 반전도 없다. 그리고 상면에 탑신 괴임대도 마련되지 않았다. 옥개 받침은 초층만이 3단이고 그 이상은 2단씩이다. 상륜부는 1석으로 조성하였는데 높직한 복발형을 밑에 두고 중간에 낮은 보륜형을 나타냈으며 정상에 보주형을 나타내고 있다.

이 석탑은 각 층의 비례도 잘 맞지 않고 옥개석도 투박한데 기단부가 다소 넓어서 그런대로 안정감을 보이고 있으나 역시 조선 후기에 나타나는 퇴화된 불교 미술의 일면을 보이고 있는 것이다.

특수형 석탑

이 시대에 있어서의 특수형 석탑은 그리 많지 않으며 다음의 몇 기뿐이다.

서울특별시 파고다 공원내의 원각사지 10층석탑(국보 제2호. 제7대 세조 12년, 1466)

경기도 남양주군의 수종사 8각 5층석탑(제9대 성종 24년, 1493)

경기도 남양주군의 묘적사 8각 다층석탑(제11대 중종 초년대~16년, 1506~1521 추정)

이 가운데서 대표작이라 할 수 있는 석탑은 원각사지 10층석탑이다. 이것은 비록 한국 석탑 중 후대에 속할지라도 그 형태와 평면이 특수하며 수법이 세련되고 의장이 풍부하여 조선시대의 석탑으로는 유례를 찾을 수 없는 최우수작이라 하겠다.

이 석탑은 일반형 석탑의 구성과 같이 기단부 위에 탑신과 상륜부가 놓였는데 상륜부는 없어졌다. 기단부는 3층으로 구성된 건축 기단으로 면석과 갑석으로 이루어졌는데 그 평면은 아자형을 이루고 있다. 각 층 면석에는 천태만상의 조각으로 화사하게 장식하였는데 용, 사자, 목단, 연화문, 인물, 조수(鳥獸), 초목, 궁전, 나한(羅漢), 신선(神仙) 등을 가득히 조각해 놓았다.

탑신부는 초층부터 3층까지의 평면이 기단과 같이 아자형을 이루고 있으며 4층부터는 방형으로서 이 윗부분은 일반형 석탑의 탑신과 그 형태가 같다. 탑신석에는 하단부에 높직한 괴임대가 있고 측면에는 난간을 모각하였으며 각 면에 십이불회의 불·보살, 천인상

원각사지 10층석탑 탑신부   원각사지 10층석탑 기단부

수종사 8각 5층석탑

등을 조각하였다. 옥개석은 팔작지붕을 이루었고 하면에 두공을 모각하였는데 지붕 위의 기와골 등 모두 목조 건축의 옥개를 그대로 모방하고 있다.

이 석탑은 전체의 부재가 대리석인데 전면에 화려하게 가득 찬 조각이 석재의 회백색과 잘 어울려서 한층 더 아름답다. 이 탑은 전체의 형태나 세부의 구조 그리고 표면 전체에 조식된 불상의 조각 등이 고려시대에 건립된 경천사지 10층석탑과 흡사할 뿐만 아니라 사용된 석재가 대리석이라는 공통점을 갖고 있어서 더욱 주의를 끌게 한다.

이 석탑의 소속 사원이었던 원각사는 조선 제7대 세조 12년(1466)에 창건되었으며 이 석탑도 사찰 창건 당시의 건조물로 추정되고 있는데 한편으로는 이보다 앞서 건립되었다는 설도 있다. 그러나 이러한 설은 이 석탑이 경천사지 10층석탑과 너무나 흡사한 데서 오는 억측이다.

원각사지 석탑은 경천사지 10층석탑과 직결되므로 이러한 양식은 고려 말기부터 조선초에 걸쳐 한때 유행한 것으로 보며 그 아름답고 도 기술적인 면은 조선시대뿐만 아니라 한국 탑파 역사에서도 손꼽는 걸작품이라 하겠다.

다음으로 수종사 8각 5층석탑을 살펴보면 평면이 8각인 원당형을 이룬 석탑으로 한국에 현존하는 희귀한 8각형 석탑 중의 하나이다. 8각 석탑 중 가장 대표적인 것으로는 고려시대에 건립된 월정사 8각 9층석탑이다. 그런데 월정사는 북한강의 상류 지역에 속해 있고 수종사는 그 하류에 위치하고 있어서 비록 건립 연대의 차이는 수세기가 된다 하더라도 8각 석탑의 계보를 찾아 그 계통을 세우는 데는 서로 관계가 깊다고 하겠다.

이 석탑은 기단부 위에 탑신과 상륜부를 구성하였는데 전체의 평면이 8각이다. 기단부는 단층 기단으로 하대 밑에 2단의 층단형

원각사지 10층석탑

126 조선시대

기대가 있고 상하단 2매의 판석으로 구성되었다. 탑신부는 초층만이 탑신과 옥개석이 각 1석씩이고 그 이상은 탑신과 그 위의 옥개석이 동일석으로 조성되었다. 탑신석은 8각마다 원형의 석주형을 모각하였고 옥개석은 받침이 3단이고 추녀에는 낙수홈이 음각되었으며 모서리마다 주두가 모각되어 목조 건축의 일면을 엿볼 수 있다. 상륜부는 노반석이 5층 옥개석과 동일석으로 조성되었으며 그 위에 보륜과 보주가 별석으로 이루어져 있다.

이 석탑은 전체적으로 보아 안정감이 있고 경쾌한 조형을 보이는데 과거 두 차례에 걸친 전면 해체 복원 작업에서 발견된 유물과 기록에 의하여 제9대 성종 24년(1493)에 건립한 이후 제16대 인조 6년(1628)에 중수하였음을 알 수 있다.

끝으로 묘적사 8각 다층석탑을 살펴보면 지대석 위에 기단부를 구축하고 그 위에 탑신부를 형성하였으며 정상부에 상륜을 장식한 형태이나 전체가 8각의 평면을 이루고 있다.

기단부는 단층 기단으로 연화대석이 있고 그 위에 면석과 갑석을 마련하였는데 갑석에는 앙련과 안상 등의 조각이 있어 마치 불상의 8각 대좌와도 같은 느낌을 주는 것은 수종사 8각 5층석탑과 같은 점이다. 탑신부는 각 층 탑신과 옥개석을 동일석으로 조성하거나 혹은 별석으로 조성하여 전체적으로 무질서함을 보이고 있다. 탑신석은 각 모서리에 원형의 석주형을 모각하였으며 옥개석은 3단의 받침을 마련하고 추녀에는 낙수홈을 음각하였으며 모서리마다 주두를 조각하여 목조 건축의 일면을 보이고 있다. 상륜부는 산형문 (山形紋)내에 큼직한 구슬문양과 꽃문양 등을 장식하였다.

이곳 묘적사는 수종사와 불과 8킬로미터 거리에 위치하고 있어 조형물도 밀접한 연관이 있음을 추정할 수 있다. 실제로 묘적사 8각 다층석탑을 수종사 8각 5층석탑에 비교해 보면 기단부로부터 탑신부와 상륜부에 이르기까지 너무나 같은 양식 수법을 보이고 있어 같은 사람이 건립한 것이 아닌가도 생각된다. 그러므로 묘적사 탑을 수종사 탑의 건립 시기와 같은 때로 짐작할 수 있는데 역시 순서는 묘적사 탑이 수종사 탑보다는 약간 뒤진 것 같다. 그것은 기단부 구성에 있어서 묘적사 석탑이 다소 간략화되고 각부 조각에 있어서도 생략된 부분이 있기 때문이다.

그리고 지역적으로 보아서 양 탑이 같은 지역내에 위치했다 하더라도 수종사는 바로 북한강변이고 묘적사는 여기서 8킬로미터 산 속으로 들어가 있기 때문에 이러한 평면 8각의 특수형 석탑 건립 의장을 그 상류 지역의 월정사 8각 9층석탑에서 전수한 것이라 생각할 때 더욱 그렇게 느껴지는 것이다.

묘적사 8각 다층석탑

맺는 말

　이상과 같이 탑파의 의의와 석탑의 발생을 비롯하여 삼국말의 석탑의 시원 양식으로부터 통일신라시대 전형 양식의 성립과 이후 고려와 조선시대에 이르면서 변천된 여러 형태의 석탑을 살펴보았다. 즉 한국의 석탑은 삼국 말기인 600년경에 백제와 신라에서 발생하여 오늘에 이르기까지 많은 작품을 남겼으며 통일신라시대에 이르러서는 한국 석탑의 전형 양식을 얻게 되었으니 7~9세기에 걸쳐 경향(京鄕) 각지에 많은 우수한 석탑을 남기고 있는 것이다. 이와 같은 전통의 여세는 다시 고려로 계승되어서 고려 석탑으로서의 특징을 보이는 동시에 지방적 특색을 아울러 발휘하였으며 이러한 추세는 조선왕조 초기까지 미쳤던 것이다.

　그런데 전시대를 통하여 건립된 한국 석탑의 양식을 크게 나누면 이른바 전형 양식이라 일컫는 일반형과 특수 양식으로서의 이형 석탑을 들 수 있다. 즉 방형 중층형과 이를 벗어난 특이한 형태의 두 가지로 나눌 수 있다는 것이다.

　이 두 가지 양식에 있어서 방형 중층의 일반형 석탑에서는 표면 장엄의 유무와 조식의 다양성 등에서 차이가 있으나 그 기본적인 형태에 있어서는 방형의 평면에 중층의 형식을 잘 간직하고 있다. 그러나 이형 석탑에서는 형태 자체가 외양적으로 전혀 달라져서 방형 평면을 완전히 벗어나고 중층의 형식에서도 탈피하여 각양각색의 조형을 보이고 있으니 실로 우리 민족의 기발한 창의성과 우수한 예술성을 여기서 찾아볼 수 있는 것이라 하겠다. 그리하여 이렇듯 변화무쌍한 이형 석탑을 전시대를 통하여 각기 특징적인 면을 살펴보는 것이 한국 민족의 창의적인 예지를 보다 실증할 수 있는 일이 아닌가 하며 석탑을 통하여 우리 조상들의 우수했던 예술성을 찾아볼 수 있지 않을까 생각하는 바이다.

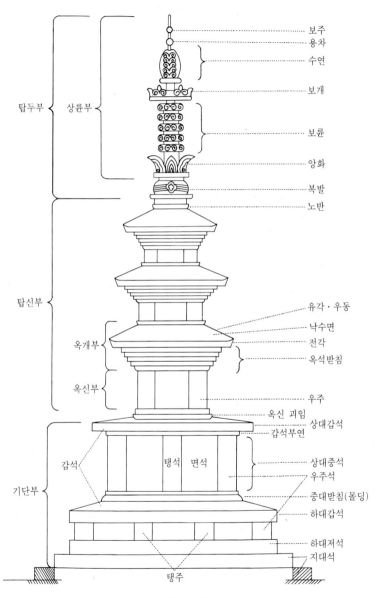

보주
용차
수연
보개
보륜
앙화
복발
노반

유각 · 우동
낙수면
전각
옥석받침
우주
옥신 괴임
상대갑석
갑석부연
상대중석
우주석
중대받침(몰딩)
하대갑석
하대저석
지대석

탑두부　상륜부
탑신부
옥개부
옥신부
기단부

갑석
탱석　면석
탱주

석탑 부분 명칭도

빛깔있는 책들 103-8

석 탑

글 | 정영호
사진 | 정영호, 손재식, 안장헌

초판 1쇄 발행 | 1989년 5월 15일
초판 12쇄 발행 | 2016년 1월 25일

발행인 | 김남석
발행처 | ㈜대원사
주   소 | 135-945 서울시 강남구 양재대로 55길 37, 302
전   화 | (02)757-6711, 6717~9
팩시밀리 | (02)775-8043
등록번호 | 제3-191호
홈페이지 | http://www.daewonsa.co.kr

값 8,500원

ⓒ 정영호, 1989

Daewonsa Publishing Co., Ltd
Printed in Korea 1989

ISBN | 89-369-0047-1
        978-89-369-0000-7 (세트)

빛깔있는 책들